本书是2019年度教育部人文社会科学研究专项任务项目（中国特色社会主义理论体系研究）（19JD710051）"新发展理念的人本意蕴及意义指向研究"的阶段性研究成果。

新发展理念的人本意蕴及意义指向

关雯文 著◎

东南大学出版社
SOUTHEAST UNIVERSITY PRESS
·南京·

图书在版编目(CIP)数据

新发展理念的人本意蕴及意义指向 / 关雯文著. —南京：东南大学出版社，2021.12
　　ISBN 978-7-5641-9790-2

Ⅰ. ①新… Ⅱ. ①关… Ⅲ. ①中国经济—经济发展—研究 Ⅳ. ①F124

中国版本图书馆 CIP 数据核字(2021)第 231301 号

责任编辑：陈　淑　　责任校对：子雪莲　　封面设计：顾晓阳　　责任印制：周荣虎

新发展理念的人本意蕴及意义指向

著　　者	关雯文
出版发行	东南大学出版社
社　　址	南京市四牌楼 2 号　邮编：210096　电话：025-83793330
网　　址	http://www.seupress.com
电子邮箱	press@seupress.com
经　　销	全国各地新华书店
印　　刷	江苏凤凰数码印务有限公司
开　　本	700mm×1000mm　1/16
印　　张	10
字　　数	168 千字
版　　次	2021 年 12 月第 1 版
印　　次	2021 年 12 月第 1 次印刷
书　　号	ISBN 978-7-5641-9790-2
定　　价	56.00 元

本社图书若有印装质量问题，请直接与营销部联系，电话：025-83791830。

前　言

党的十八届五中全会提出的新发展理念,反映了我国经济结构进入战略调整期后带来的社会认知与思维方式的整体性转向,具有强大的理论穿透力、时代解释力及现实执行力,是破解社会主义新时代各种矛盾和问题、全面建设社会主义现代化强国及实现"两个一百年"奋斗目标的理论先导,是中华民族走向伟大复兴历史进程中提出的一个具有里程碑意义的发展理念。

发展问题的本质是人的发展。社会发展是人的发展的根本前提和基础性条件,人的发展是社会发展的重要标志和理想目标,二者之间的关系实际上是手段与目的的关系。促进人的发展与人民幸福,不仅体现了社会主义的本质要求和根本目的,也集中反映了中国特色社会主义理论体系一脉相承的精神实质和价值诉求。但新中国成立之初,由于基础差、底子薄,以至于相当长的一个历史时段,我们都不得不以社会发展为中心工作,以此来建构有利于实现人的全面自由发展的社会环境条件。但随着我国生产力的发展和综合国力的不断提高,这一社会条件日趋成熟,人的发展问题开始受到越来越多的关注,且提升到国家战略视野之中并在社会主义实践中加以逐步推进。

发展理念是特定历史时期经济、社会、文化等发展诉求在思想观念上的聚焦和集中反映。从科学发展观的提出开始,我国逐步实现由社会为本的发展观到以人为本的发展观的巨大转变。科学发展观的核心——"以人为本"无疑是一种崭新的发展理念。随着社会主义新时代的到来,"以人为本"的内涵在新发展理念中得到进一步的深化和升华。

"人民至上"是新发展理念最本质和最内在的精神实质。与以往"增长至上"的发展理念相比,作为统领未来发展"大逻辑"的新发展理念,在继承马克思主义发展观"人的解放"的恒久性价值取向前提下,在接续科学发展观"以人为本"的价值观的基础上,更侧重一种思维方式的转向,即从社会发展的宏观层面向"人"自身发展的微观层面的彻底转换和深入开掘。新发展理念创造性地回答了关于人的全面自由发展的一系列关键问题,这不仅是党关于发展理论的又一次升华,也是对马克思主义发展理论的进一步发展。

本书旨在对新发展理念的丰厚人本意蕴进行较为全面、系统的开掘和梳理,在论证新发展理念与马克思"人的全面自由发展"这一人类社会终极理想具有深度契合性的同时,重点诠释新发展理念为马克思主义发展理论的深化丰富作出的新贡献,以期助推新发展理念在新时代中国特色社会主义现实实践过程中的具体贯彻落实。

目 录

第一章 新发展理念的人本渊源与现实自觉 ········· 001
第一节 新发展理念的人本渊源 ················· 002
一、马克思人本思想的基石地位 ················· 002
二、传统民本思想的萌芽作用 ··················· 007
第二节 新发展理念的现实自觉 ················· 011
一、中共四代领导集体人本思想的接力传承 ····· 011
二、新发展理念人本思想的当代诠释 ············· 020

第二章 新发展理念的人本视野与精神特质 ········· 025
第一节 新发展理念的人本视野 ················· 025
一、新发展理念打开了人认识自身丰富性的全新视角 ··· 025
二、新发展理念彰显了党对社会主义本质的深刻体认 ··· 028
三、新发展理念映射了新常态下人的现实生存状态 ····· 032
四、新发展理念展示了百年变局下人的主体担当 ······· 036
第二节 新发展理念的精神特质 ················· 038
一、新发展理念是一种人本价值取向 ············· 038
二、新发展理念是一种人本思维方式 ············· 041
三、新发展理念是一种人本评价尺度 ············· 044

第三章 创新发展理念的人本意蕴及意义指向 ····· 049
第一节 创新发展理念的历史生成 ················ 049
一、思想溯源:创新发展思想的东方智慧 ········· 049

二、理论之基：马克思主义经典作家的创新发展思想 …………… 051

　　三、历史传承：中国共产党历代领导集体的创新发展思想 ………… 052

第二节　创新发展理念的时代之问 …………………………………………… 054

　　一、破解发展动力之问：引领发展的第一动力 ………………………… 054

　　二、破解主要矛盾之问：满足人民对美好生活的向往 ……………… 056

　　三、破解发展格局之问：创新是形成新发展格局的关键 …………… 057

第三节　创新发展理念的人本内涵 …………………………………………… 058

　　一、创新发展理念的根本前提："为谁创新" …………………………… 058

　　二、创新发展理念的动力机制："靠谁创新" …………………………… 059

　　三、创新发展理念的价值尺度："创新成果由谁共享" ………………… 060

第四节　创新发展理念的实践路向 …………………………………………… 061

　　一、推进创新创业创造，激发主体新动能 ……………………………… 061

　　二、推动产业转型升级，提升整体创新实力 …………………………… 062

　　三、改革体制机制，构建创新支撑保障 ………………………………… 063

　　四、弘扬创新文化，营造良好创新氛围 ………………………………… 064

第四章　协调发展理念的人本意蕴及意义指向 …………………………… 066

第一节　协调发展理念的文化渊源 …………………………………………… 066

　　一、天人关系的协调 ………………………………………………………… 067

　　二、人与人关系的协调 ……………………………………………………… 067

　　三、个体身心的协调 ………………………………………………………… 068

　　四、国与国关系的协调 ……………………………………………………… 068

第二节　协调发展理念的哲学运思 …………………………………………… 069

　　一、蕴含了实事求是的思想精髓 …………………………………………… 069

　　二、涵盖了主要矛盾的辩证思维 …………………………………………… 070

　　三、彰显了联系发展的理论本质 …………………………………………… 071

　　四、体现了统筹兼顾的基本原则 …………………………………………… 072

第三节　协调发展理念的价值目标 …………………………………………… 073

一、以实现共同富裕为目标,为人的解放奠定物质基础 …………… 073
二、以推动公平正义为旨归,为人的解放理顺社会关系 …………… 074
三、以人与自然和谐共生为愿景,为人的解放拓展生态空间 ……… 075
四、以物质文明与精神文明的协同共进为抓手,为人的解放提供价值依据
……………………………………………………………………… 076

第四节　协调发展理念的实践进路 …………………………………… 078
一、以实现人的全面自由发展为目标,更加强调人民至上 ………… 078
二、以实现共同富裕为工作重心,更加注重社会公平 ……………… 078
三、以科学调整社会利益为工作机制,更加重视利益协调 ………… 079
四、以人民对美好生活的向往为奋斗目标,更加着力改善民生 …… 079

第五章　绿色发展理念的人本意蕴及意义指向 ……………………… 081

第一节　绿色发展理念的人本生成逻辑 ………………………………… 081
一、历史逻辑:中国传统"天人合一"生态智慧的丰厚滋养 ………… 081
二、理论逻辑:马克思"人与自然的和解"生态思想的一脉相承 …… 083
三、现实逻辑:人民对优美生态环境的迫切需求和渴望 …………… 084

第二节　绿色发展理念的人本内涵体系 ………………………………… 086
一、绿色经济是绿色发展的物质前提 ………………………………… 086
二、绿色政治是绿色发展的制度保障 ………………………………… 087
三、绿色文化是绿色发展的精神引领 ………………………………… 088
四、绿色创新是绿色发展的直接动力 ………………………………… 089

第三节　绿色发展理念的人本价值 ……………………………………… 090
一、绿色惠民:把环境治理作为重大民生,全力打造美丽中国和绿色家园
……………………………………………………………………… 090
二、绿色富国:视共享绿色福利为根本目的,为实现中国梦提供生态保障
……………………………………………………………………… 091
三、绿色承诺:凝聚全球力量,为构筑人与自然生命共同体提供中国智慧
……………………………………………………………………… 093

第四节　绿色发展理念的人本推进路向 ········· 094
一、构筑个人生活方式的绿色化 ········· 094
二、推进企业生产方式的绿色化 ········· 095
三、建构政府执政方式的绿色化 ········· 097

第六章　开放发展理念的人本意蕴及意义指向 ········· 099
第一节　开放发展理念提出的逻辑必然 ········· 099
一、开放发展理念的理论之基 ········· 099
二、开放发展理念的历史之源 ········· 101
三、开放发展理念的时代之势 ········· 102

第二节　开放发展理念的哲学气质 ········· 104
一、历史继承性与现实开创性的有机统一 ········· 104
二、经济权益与政治定力的互促互进 ········· 105
三、人民性与民族性的融合贯通 ········· 106
四、中国梦与世界梦的交相辉映 ········· 107

第三节　开放发展理念的人学旨趣 ········· 108
一、开放发展推动中国再创经济社会发展奇迹 ········· 108
二、开放发展持续提升人民群众的生活水平 ········· 109
三、开放发展深刻改变中国人的精神面貌 ········· 110
四、开放发展在自我发展的同时也将造福世界人民 ········· 111

第四节　开放发展理念的实践逻辑 ········· 112
一、坚持主动开放，引领经济全球化时代浪潮 ········· 112
二、促进双向开放，形成国内国际"双循环"发展新格局 ········· 113
三、加快公平开放，打造公平开放市场规则和法制化营商环境 ········· 115
四、推动全面开放，加快形成全面开放发展新样态 ········· 115
五、实现共赢开放，促进世界开放合作、互惠共享 ········· 117

第七章　共享发展理念的人本意蕴及意义指向 ········· 118
第一节　共享发展理念的逻辑机理 ········· 118

一、中华民族"求大同"的传统价值取向是共享发展的历史逻辑 …………… 118

二、马克思科学社会主义的"自由人联合体"设想是共享发展的理论逻辑 …………… 120

三、中国特色社会主义"全面建成小康社会"实践是共享发展的现实逻辑 …………… 121

第二节　共享发展理念的理论精髓 …………………………………………… 123
 一、蕴含了发展的普遍性与特殊性的辩证统一 …………………………… 123
 二、体现了发展的社会公平与经济效率的有机协调 ……………………… 124
 三、彰显了集体发展利益与个人发展权利的和谐统一 …………………… 125

第三节　共享发展理念的民生表达 …………………………………………… 127
 一、共享发展理念蕴含了深厚的民生伦理 ………………………………… 127
 二、共享发展理念契合了增进民生福祉的现实诉求 ……………………… 128
 三、共享发展理念创新了改善民生的内在机制 …………………………… 129

第四节　共享发展理念的实现机制 …………………………………………… 131
 一、健全共享发展的保障机制 ……………………………………………… 131
 二、完善共享发展的动力机制 ……………………………………………… 132
 三、构筑共享发展的分享机制 ……………………………………………… 133

第八章　新发展理念的人本逻辑与人学旨归 …………………………………… 135
第一节　新发展理念的立论之基：对社会主义实践中人民的深切关注 …… 135
第二节　新发展理念的内在动力：社会主义新时代人民的需要和利益 …… 137
第三节　新发展理念的终极目的：全体人民的全面自由发展 ……………… 138
第四节　新发展理念的逻辑机理：人的全面自由发展的有机架构和五方位展开 …………………………………………………………………………… 139

主要参考文献 …………………………………………………………………… 144

第一章

新发展理念的人本渊源与现实自觉

发展理念是一定历史时段内经济、社会发展需求在思想观念上的聚焦和集中反映。习近平总书记指出,"发展理念是发展行动的先导,是管全局、管根本、管方向、管长远的东西,是发展思路、发展方向、发展着力点的集中体现。……发展理念搞对了,目标任务就好定了,政策举措也就跟着好定了"①。党的十八届五中全会提出的新发展理念,反映了我国经济结构进入战略调整期后带来的社会认知与思维方式的整体转向,具有强大的理论穿透力、时代解释力及现实执行力,是破解社会主义新时代条件下各种矛盾和问题、全面建设社会主义现代化强国及实现"两个一百年"奋斗目标的理论先导,是中华民族伟大复兴历史进程中提出的一个具有里程碑意义的发展理念。

与以往"增长至上"的发展理念相比,作为统领未来发展"大逻辑"的新发展理念,在继承马克思主义发展观"人民至上"的恒久性价值取向基础上,更侧重一种思维方式的转向,即从社会发展的宏观层面向"人"自身发展的微观层面的彻底转换和深入开掘。在这样的理论预设之下,有一条不言自明的隐性逻辑链条:具有深刻人学意蕴的新发展理念精辟地揭示了促进人的全面自由发展的社会运行机理,其"五位一体"总体布局、"四个全面"战略布局所勾勒的发展框架为实现人的全面自

---

① 中共中央文献研究室.习近平关于全面建成小康社会论述摘编[M].北京:中央文献出版社,2016:37.

由发展提供了切实的制度保障。同时,人的类本质在社会主义新时代的逐步彰显也是新发展理念得以落实的主体动力和实践皈依。

新发展理念不是无源之水、无本之木,它不仅具有深厚的理论渊源,且展示了强烈的政治担当和高度的理论自觉。

第一节 新发展理念的人本渊源

新发展理念不仅以马克思人的全面自由发展思想为理论基石,而且在汲取了中国传统民本思想精华的前提下又有了新的发展。

一、马克思人本思想的基石地位

马克思的人学关注的是现实社会实践中的具体、生动的个人,新发展理念坚定不移地继承了这一人学态度和立场,并获得了时代性绽放。

(一)马克思的人学是实践人学

"每个人的自由发展是一切人自由发展的条件。"[①]这是马克思主义学说的论纲,也是贯穿于整个马克思主义学说的灵魂和红线。

马克思一以贯之的价值立场、理论要义就是要实现每个人的全面自由发展,这也是其后的马克思主义理论者们坚定不移的信仰和执着追求。虽然在马克思主义诞生之前,无数思想家为了人类摆脱受压迫、受苦难、受束缚的异化状态而在关注、追索和批判中试图完成对人类拯救的历史使命,然而,这些形形色色的抽象的、机械的人道主义理论,或是仅停留在理论演绎的层面,或是自觉不自觉地扮演了统治阶级代言人的角色,或是因缺乏科学内核的支撑而沦为苍白的呐喊,他们"只是用不同的方式解释世界",最终只是作为一种学说、一种启示被后人铭记和瞻仰。马克思主义不是"经院哲学""贵族式闲暇哲学",也不是泛化的关于人的解放的学说,

---

① 马克思,恩格斯.马克思恩格斯选集(第1卷)[M].人民出版社,1995:294.

他以辩证唯物主义和历史唯物主义为自己人学理论的坚实基石,以资本主义生产方式为主要观察和研究对象,通过对资本主义制度细致入微的洞察、分析和诊断,在努力探索救治资本主义良方的同时,把更多关注的焦点放置于认识资本主义条件下无产阶级的真实生存境遇,探究无产阶级"被侮辱、被奴役、被遗弃和被蔑视"的根源和如何实现无产阶级的真正解放。美国学者杜娜叶夫斯卡娅认为,"马克思的眼界一开始就是总体自由的眼界。他所关怀的是人类的自由,而他所瞩目的则是现代社会中与人类自由相对立的两个特征:不可避免的苦难与生命的浪费"①。马克思之前,几乎所有的人学理论都是为社会上的少数精英或统治阶级服务的,广大劳动人民的解放和发展并不在其考虑的视野之内,只能解释世界,却不能改变世界。马克思的人学理论第一次把关注的目光投向无产阶级的解放和劳动人民的全面自由发展,同时也为无产阶级和人民群众提供了认识自身、发展自身和解放自身的科学理论武器,从而完成了人学理论上的一次革命性变革。

马克思对人的理解首先是一种诉诸实践的理解,"实践"是马克思人学中的第一个起步概念。实践的观点是马克思人学首要的和基本的观点,也是贯穿于马克思人学思想的一条主线。这一观点的横空出世,显示了马克思对传统人学思想的革命性改造和升华,凸显了马克思人学的实践本质。正如马克思所言:"从前的一切唯物主义(包括费尔巴哈的唯物主义)的主要缺点是:对对象、现实、感性,只是从客体的或者直观的形式去理解,而不是把它们当作感性的人的活动,当作实践去理解,不是从主体方面去理解。"②马克思对人的本质的理解是通过对黑格尔思辨人学和对费尔巴哈人本学思想的批判和辩证否定完成的,这也是马克思把握人的本质的独特的方法。黑格尔秉持"绝对理性"的哲学观,否认自然界的客观存在,否定自然界对人的本原意义,认为人不过是"绝对理性"发展过程中的一个环节。虽然相较于黑格尔哲学等对人的本质问题的认识,费尔巴哈提出的"人是人的最高本质"这一命题有着进步意义,但是,费尔巴哈依然没有彻底走出旧哲学的窠臼,他认为,"单个人所固有的抽象物"如理性、宗教感情、爱等这些人生来就有的、内在的、

---

① 杜娜叶夫斯卡娅.马克思主义与自由[M].傅小平,译.沈阳:辽宁教育出版社,1998:29.
② 马克思,恩格斯.马克思恩格斯选集(第1卷)[M].北京:人民出版社,1995:54.

无声的和共同性的东西把许多人联系起来,这些纯粹自然的、静态的、永恒不变的内在抽象共同构成了人的本质。

马克思一针见血地指出了以费尔巴哈为代表的之前唯物主义思想家的错误,将哲学从天上重新带回了人间,他找到了"人的社会性"这把开启人的本质之谜的钥匙。马克思把从事实际活动的、现实的个人作为其人学思想的出发点。人在实践中维持着自己的生存,实践是人的自然性和社会性相统一的基础和纽带。作为一种现实的、感性的、能动的、对象性的活动,实践构成了人的独特的存在方式。

(二) 从纵向历史视角看马克思的人本思想

以人类社会历史发展的纵向维度为视角,马克思在《经济学手稿(1857—1858)》中创造性地对人类历史做了三个阶段的划分,揭示了现实的人发展的"三阶段"与人类历史发展"三形态"相对应的关系。他提出:"人的依赖关系(起初完全是自然发生的),是最初的社会形态,在这种形态下,人的生产能力只是在狭窄的范围内和孤立的地点上发展着。以物的依赖性为基础的人的独立性,是第二大形态,在这种形态下,才形成普遍的社会物质交换,全面的关系,多方面的需求以及全面的能力的体系。建立在个人全面发展和他们共同的社会生产能力成为他们的社会财富这一基础上的自由个性,是第三个阶段。第二个阶段为第三个阶段创造条件。"[①]

第一阶段:人的依赖性社会与自然的人。这一阶段是人的发展的最初阶段,主要表现为人对社会关系的依附和人的个性的缺失。由于劳动生产力的低下,生产社会化程度非常有限,人虽然通晓自身生产的整个过程,但不得不屈从于自然的威力,自然力量的变换决定了人类生产生活方式的不断调整,人被大自然牢牢掌控。此外,由于生产力低下,人们为了生存,只能以联合起来的方式来抵抗外界的风险,进而形成了以"人的依赖关系"为特征的各类"共同体"。比如在原始公有制社会下的原始社会公有制中,"血缘关系"成为维系人与人之间关系的一个基础,个人服从于社会共同体之中,个人绝对地服从共同体的利益,因此,个人的独立性和自主性也就无从谈起。

---

① 马克思,恩格斯. 马克思恩格斯全集(第46卷)(上)[M]. 北京:人民出版社,1979:104.

第二阶段:物的依赖性社会与偶然的个人。随着工业革命和科学技术带来的生产力的不断发展,特别是资本主义的迅速发展,人开始逐渐确立在自然中的主体地位,自然被纳入人的控制和支配之下,人得以改造和驾驭自然,但这一从"屈服"到"征服"的角色转变也导致了人与自然关系的对立和紧张。由于商品经济的发展,人摆脱了以政治关系维系的人身依附关系,获得了相对独立性,在人格上获得了自由和平等。但是,这种相对独立性是建立在物质基础上的,在征服自然的同时,人又被自己的创造物所奴役,表现为对物的依赖。具体来说,从资产阶级这一群体看,资产阶级以"自由、民主、平等、人权"作为反对封建专制主义和宗教神学的思想武器并取得了决定性的胜利。通过设立竞争机制,资产阶级在市场经济中确定了自己的地位和身份,个人取得了相对的独立性,在人格上获得了自由和平等。然而,在这种物化了的社会关系中,不是人支配物,而是物统治人。因此,资产阶级获得的相对独立性,是不充分的和片面的,人实质上已成为机器和资本的附属品,所以也只是形式上的。从无产阶级这一群体看,在资本主义社会里,广大的无产阶级,虽然在形式上获得了比封建制度下的农民更多的人身自由,但他们失去了一切生产资料,除了出卖劳动力,别无他法。马克思用"异化劳动"这一概念来表征在资本主义生产关系下工人的现实生存境况,也说明了在这一阶段,无产阶级的自由个性的解放只是幻想。这一阶段的人的发展与第一阶段相比,有了很大的历史进步性,这也为第三阶段人的发展奠基了物质基础。

第三阶段:人的全面自由发展的社会与有个性的人。人的发展的理想状态即"自由个性"的充分发展。在这一阶段,人不仅从自然控制中解放出来,而且从物的社会关系奴役中解放出来,既超越了对"人的依赖",也超越了对"物的依赖",人与人结成自由人的联合体,真正成为自己命运的主人,实现了自由个性和全面发展。"劳动表现为不再像以前那样被包括在生产过程中,相反地,表现为人以生产过程的监督者和调节者的身份同生产过程本身发生关系。……工人不再是生产过程的主要当事者,而是站在生产过程的旁边。"[1]在这一阶段,劳动的目的不再局限于"谋生存",而在于"促发展"。谋生不再是劳动的唯一目的,而成为充分发挥人的能

---

[1] 马克思,恩格斯.马克思恩格斯全集(第46卷)(下)[M].北京:人民出版社,1979:218.

力、展示人的本质力量、实现人的全面自由发展的一个载体和平台。在这一阶段，生产力的高度发达带来的是人与自然之间紧张对立的消弭以及人与人之间的和谐相处。在公有和共享的基础上，资本逻辑的束缚得以真正摆脱，优美的生态环境成为最普惠的公共产品，真正实现了人与自然的和谐发展。此外，每个人利益的实现与社会利益、集体利益的实现是同向、同行的，正如马克思所指出的："代替那存在着阶级和阶级对立的资产阶级旧社会的，将是这样一个联合体，在那里，每个人的自由发展是一切人的自由发展的条件。"①

（三）从横向内涵视角看马克思的人本思想

马克思关于人的全面自由发展思想是一个内涵丰富、意蕴深远的理论体系，具体来说，包括以下几个主要方面：

首先是人的需要的自由全面发展。人的需要贯穿于人的生存、发展和解放的始终，是人们从事一切实践活动的动因、目的和归宿。马克思把人的需要提升到人的本质这样一个前所未有的高度来理解，"你自己的本质即你的需要"②。这充分说明马克思从有生命的个人的存在以及受肉体组织制约的他们与自然界的关系出发，深刻认识到人的需要对人自身的生存和发展的不可替代的重大意义。衣食住行等是维持人的生存"最基本的、最强烈的、最明显的"一种需要，是人作为有生命的现实的人能够生活在这个世界上的一个前提。因为人的物质生活资料的生产即实践活动在人类活动中居于首要地位，所以，探寻人的本性、需要的内涵就应当从实践出发，即对需要、人性应当"把它们当作人的感性活动，当作实践去理解"。

其次是人的能力的全面发展。这里的能力主要是指人的劳动能力。劳动需要综合运用人的体力和智力，劳动能力的运用过程既是人的本质力量的耗费和发挥过程，也是人的本质力量的形成和发展过程。"人的能力的全面发展，意味着'全面发展自己的体力和智力、自然力和社会力、个体能力和集体能力、潜力和现实能力等'，也意味着在实践中'发挥他的全部才能和力量'。全面发展的个人，就是用能够适应不同的劳动需求并且在交替变换的职能中，使自己先天和后天的各种能力

---

① 马克思,恩格斯.马克思恩格斯选集(第1卷)[M].北京:人民出版社,2012:422.
② 马克思.1844年经济学哲学手稿[M].北京:人民出版社,2000:180-181.

得到自由发展的个人。"①

再次是人的个性的自由全面发展。由于先天因素和后天成长环境的不同,每一个人在自我成长的过程中都形成了独特的个性。人的个性自由是人得以掌握自身未来发展方向的一种主观能动的、生动活泼的状态,就是人根据自身的本来意愿进行的自由主导、自由支配和自由发展。马克思曾提出:"无产者,为了实现自己的个性,就应当消灭他们迄今面临的生存条件,消灭这个同时也是整个迄今为止的社会的生存条件,即消灭劳动。因此,他们也就同社会的各个人迄今借以表现为一个整体的那种形式即同国家处于直接的对立中,他们应当推翻国家,使自己的个性得以实现。"②

最后还是人的社会关系的全面自由发展。人是社会的人,社会是人的社会,人与社会具有同构性。人的本质在其现实性上是一切社会关系的总和,人不是抽象的、孤立的个体,人总是生活在历史和时代相交织所形成的具体社会中,因此人全面发展的本质特征也只有在具体的、丰富的社会关系中才能得以展开,同时,人在社会关系中的自主性是衡量人的全面自由发展的一个根本尺度。"社会关系实际上决定着一个人能够发展到什么程度。"③马克思追求人类解放的一个崇高的立意,就是建构和协调人的社会关系,并实现人对社会关系的全面占有和自觉控制。

总之,无论从纵向历史视角还是从横向的内涵视角看,马克思毕生从事全部理论创造活动的主题就是实现人的全面自由发展。马克思所描述的人的自由全面发展状态,是相对于人的畸形发展、片面发展、不自由发展、不充分发展状态而言的,是建立在凝结着人的自然力、意识性和社会规定性的实践基础上的社会发展和人的发展相统一的现实历史过程。科学理性与价值理性的统一是这一理论的根本特质。

二、传统民本思想的萌芽作用

民本思想是中华民族独特的精神标识。民本思想在中华文明史上源远流长,

---

① 韩庆祥,亢安毅.马克思开辟的道路——人的全面发展研究[M].北京:人民出版社,2005.141.
② 马克思,恩格斯.马克思恩格斯选集(第1卷)[M].北京:人民出版社,1995:121.
③ 马克思,恩格斯.马克思恩格斯全集(第3卷)[M].北京:人民出版社,1960:295.

中国传统民本思想是现代社会民本思想的胚胎和萌芽。根据历史记载,早在前文明社会向文明社会过渡时的夏代就已提出民本思想,比如记载于《尚书·五子之歌》中的夏康的弟弟有劝说其兄的诗歌:"皇祖有训,民可近,不可下。民惟邦本,本固邦宁。"中国古代政治思想的核心要义、主要特征和基本价值就是"重民"。有学者认为,中华帝制的政治原理是以民本思想为基础框架而精心构筑的庞大的思想体系[1]。

中华大地为什么能够滋生出"民惟邦本,本固邦宁"的民本思想?追溯其历史文化原因,这主要缘于古代中国文明起源的特殊路径。关于中国古代文明路径,侯外庐先生曾做了如下的精辟概括:"如果用恩格斯家族、私产、国家三项作为文明路径的指标,那么,'古典的古代'就是从家族到私产再到国家,国家代替了家族。而亚细亚的古代则是从家族到国家,国家混合在家族里面,就是所谓的社稷。所以,前者是新陈代谢,新的冲破了旧的,是革命的路线,而后者却是新旧纠葛,旧的拖住了新的,是维新路线,用中国古文献的话说,即是前者是人惟求新,器惟求新,后者则是人惟求旧,器惟求新。"[2]也就是说,不同于古代希腊、罗马和日耳曼等打破和粉碎氏族血缘关系进入文明社会这些"典型国家"起源的一般规律,中国作为"非典型国家",其古代文明起源所走的是一条特殊的路径,氏族血缘关系非但没有被破坏,反而被完整地保留了下来,并以氏族血缘关系为基础建立了国家,由此形成了中国古代特殊的政治生态:国在家中、家国同构。因此,"以民为本"便很自然地成为全社会从上到下普遍的政治共识,统治者不仅不排斥这一思想,反而主动将其纳入正统的官方意识形态中,并作为约束、规范和考评君主制度的一个重要标准和尺度。而且随着君主整体的日臻完善,民本思想的内涵也越来越丰富。具体说来,主要体现在以下几个方面:

(一)民惟邦本

何为事物之"本"?《说文解字·木部》中说:"本,木下曰本。从木,一在其下。"意为树木之下的部分即树木之根本。《广雅·释木》中说:"本,干也。"即树木得以

---

[1] 张分田.民本思想与中国古代统治思想(上)[M].天津:南开大学出版社,2009:1.
[2] 侯外庐.中国古代社会史论[M].北京:人民出版社,1955:32.

存活的最重要部分,有溯源之意。可以说,树木的根和干部分是其初始、本源、主体和根本,"本"字的各种引申之意也由此衍生。"民惟邦本,本固邦宁"的意思是百姓应该是国家的根本,只有根本稳固,国家才能安宁。中国古代思想家、政治家认为,"民"是国家之基础、政治之根本,国家的治理者要充分认识、尊重人民的力量。管子指出:"政之所兴,在顺民心;政之所废,在逆民心。"①孟子在《孟子·尽心下》中说:"民为贵,社稷次之,君为轻。"认为在国家和君主面前,"民"才是第一位的。荀子在《荀子·大略》中提出:"天之生民,非为君也,天之立君,以为民也。"即天不是为了君主而养育民众,与之相反,天是为了民众才设立君主。西汉贾谊在《新书·大政上》中系统论述了民本思想:"闻之于政也,民无不为本也。国以为本,君以为本,吏以为本。"总之,在中国古代思想家、政治家看来,君主统治国家的合理性来自民众,其统治的效能客观上是要经民众评判的,只有人民才是最终决定国家体系、政治稳定的基础。

(二)富而后教

提倡以文化、道德来对民众进行教诲,培养民众的高尚道德情操,提高其文明素养,营造良好的社会风尚,是古代民本思想的一项重要内容。比如《周易·蛊·象》中就提出"君子以振民育德"。意思是说,君子应救济民众,培育民众的德行。孟子在《孟子·尽心上》中提出:"仁言不如仁声之入人深也,善政不如善教之得民也。善政,民畏之;善教,民爱之。善政得民财,善教得民心。"意思是说,完善的政令固然可以帮助国家获得更多财富,但是,只有良好的教育才能唤醒民众的为善之心,从而信向善道。西汉董仲舒提出"圣王之继乱世也,扫除其迹而悉去之,复修教化而崇起之"(《汉书·董仲舒传》),认为要彻底清除乱世之弊必须重修道德教化。苏轼提出:"夫三代之君,惟不忍鄙其民而欺之,故天下有故,而其议及于百姓,以观其意之所向,及其不可听也,则又反复而谕之,以穷极其说,而服其不然之心。是以其民亲而爱之。"(《苏轼全集·书论》)苏轼认为,如果民众因对国家的政策不理解、不接受而产生抵触情绪,国君不应该强行推广,而应该对百姓耐心教育,做通他们的思

---

① 管子[M].房玄龄,注.刘绩,补注.上海:上海古籍出版社,2015:2.

想工作。只有这样,国君才能得到民众的拥护。孟子甚至认为:"人之有道也,饱食暖衣逸居而无教,则近于禽兽。"(《孟子·滕文公上》)孟子认为人有一个基本规律,如果只满足于吃饱、穿暖、住得安逸而不给予一定的教育,就和禽兽差不多。孟子虽然主张人性善,但是他认为这些善心只是萌芽,非常脆弱,如果不善加保养,在外部环境的诱惑下就很容易迷失,所以个人应该加强自身的修养。而统治者应该通过教育使民众向善,从而提高全社会的文明程度,以推动国家的发展。总之,提倡君主用文化、道德等手段教育来民众,培养其高尚的道德情操,使整个社会风气向良好方向发展是古代民本思想的一项重要内容。

(三) 关注民生

中国古代社会,小农经济是其物质基础。因此,各个朝代、各级官府面临的头等大事就是解决百姓的温饱问题。《尚书·无逸》中就提出:"呜呼!君子所,其无逸。先知稼穑之艰难,乃逸,则知小人之依。"正告统治者千万不要安逸享乐。要先了解耕种、收获的艰难,然后处在逸乐的境地,就会知道百姓的痛苦了。如此君主才能真正尊重百姓,为百姓排忧解难。《春秋·谷梁传》指出:"古之君人者,必时视民之所勤:民勤于力,则功筑罕;民勤于财,则贡赋少;民勤于食,则百事废矣。"告诫统治者要有限度地使用民力,否则就会使民力耗尽。为了掌握使用民力的限度,就必须定时深入民间去进行调查,了解百姓的疾苦,并适当减轻劳役、贡赋。

中国古代的思想家、政治家们都提倡"富以养民"的思想。如管子就认为:"凡有地牧民者,务在四时,守在仓廪。国多财则远者来,地辟举则民留处。仓廪实则知礼节,衣食足则知荣辱。"管子强调了物质条件对精神文明的意义,他认为,治国理政的首要问题是保障百姓的衣食温饱,要确保有充足的粮食就必须重视农耕,鼓励生产。只有粮食充足,百姓衣食无忧,才可能知荣辱而守礼法。在"富以养民"思想的指导下,很多有作为的国君都把经济发展、百姓富裕视为政治理想,努力实现人尽其才、地尽其利、物尽其用、货畅其流,并努力做到藏富于民。

(四) 执政为民

什么是执政者的目标?子贡问:"如有博施于民,而能济众,何如?可谓仁乎?"孔子答:"何事于仁,必也圣乎!尧舜其犹病诸!"(《论语》)孔子认为,能让人民过上好日子,是比尧舜还强的圣人。执政为民要求国家的政策法规应该在民意的基础上形成和制定,合乎民意,才容易推行。老子提出:"圣人无常心,以百姓心为心。善者,吾善之;不善者,吾亦善之,德善。"(《老子》第四十九章)老子认为,君主治理国家,切忌刚愎自用、唯我独尊,而应该体察民意、顺应民心,并以此作为施政的依据。不论是民众赞美的还是批评的,都要听得进去。孟子提出:"左右皆曰贤,未可也;诸大夫皆曰贤,未可也;国人皆曰贤,然后察之;见贤焉,然后用之。左右皆曰不可,勿听;诸大夫皆曰不可,勿听;国人皆曰不可,然后察之;见不可焉,然后去之。左右皆曰可杀,勿听;诸大夫皆曰可杀,勿听;国人皆曰可杀,然后察之;见可杀焉,然后杀之。故曰,国人杀之也。如此,然后可以为民父母。"(《孟子·梁惠王下》)孟子认为,评判官员优劣的最终标准是民意,选贤举能、惩罚处分官员必须遵从民意。不要轻信身边亲近之人的意见,而要广泛地听取民意。孟子的这一思想,堪称古代民主思想的萌芽,虽然还停留在简单的、朴素的层面,但却有着划时代的意义。总之,君主如果能够做到顺应民心,满足民众的合理要求,治理天下就会事半功倍,反之,则带来灾难。

总之,中国传统文化中蕴含着丰富的民本思想,尽管中国古代的民本思想具有一定的局限性甚至存在部分糟粕,但总体看来,其丰富的内涵、独到深邃的见解以及厚重的历史积淀,是当代中华民族推进民本治国的力量之源。

第二节　新发展理念的现实自觉

新发展理念是马克思主义发展理论与当代中国现实发展实际相结合的重大理论创新,无论在逻辑上还是在实践上都展示出主动引领历史潮流的高度时代自觉。

一、中共四代领导集体人本思想的接力传承

作为中国工人阶级的先锋队、中国人民和中华民族的先锋队,中国共产党自诞生之日起,就始终坚持以中华民族的根本利益为理想目标并为之奋斗,在实践中丰

富和发展了马克思主义的人本理论,形成了具有中国特色的人本主义思想体系。

(一) 以毛泽东为核心的中共领导集体对人本思想的初步探索

作为中国具体实际与马克思主义人本理论的第一次有机结合,毛泽东的人本思想是中国化的马克思主义人本思想的首个理论形态,人的解放和全面自由发展是毛泽东人本思想的主要目标追求。毛泽东的人本思想是党的"以人民为中心"的思想体系的理论基础。

毛泽东的人本思想诞生于中国新民主主义革命时期,它始终和中国人民争取自身解放的革命斗争紧密相连。在中国社会主义建设时期,这一思想进一步演化为中国人民在社会主义建设实践中获得的生存权和发展权。

首先,作为马克思主义的科学的人本观,毛泽东最先认识到人民群众在历史创造过程中的至深伟力。毛泽东认为,只有人民群众才是历史的创造者和基本动力,社会历史实践活动是人民群众自己的事业,人民群众是历史的真正主人,人民群众既是社会物质财富的创造者,也是社会精神财富的创造者。毛泽东特别强调,党必须与人民群众保持密切的联系,从群众中汲取力量。他提出,"只有代表群众才能教育群众,只有做群众的学生才能做群众的先生"[①]。也就是说,马克思主义本身并不是现实的物质力量,马克思主义只有被人民群众所掌握才能变为改造世界的强大物质力量。

其次,人民当家作主一直是以毛泽东为核心的老一辈党的领导集体的"中国梦"。新中国成立之初,从国家根本性质的决定、国家政权的形式构成到基本政治制度的确立,在对新中国政治制度的总体设计中,人民当家作主从来都是毛泽东优先考虑的要素。人民代表大会制度、中国共产党领导的多党合作和政治协商制度、民族区域自治制度、基层群众自治制度等一系列制度是以毛泽东为代表的中国共产党为保证人民当家作主权利搭建起的"四梁八柱"。新中国成立后,在旧社会被人瞧不起的穿着短衫和工装的工人、农民,能够同穿着西装和长袍的人坐在一起,以主人翁的姿态平等、自信地共同商量国家大事,这在过去是根本无法想象的,这

---

① 毛泽东.毛泽东选集(第3卷)[M].北京:人民出版社,1991:859.

正是人民当家作主思想的有力践行。

再次,"全心全意为人民服务"是毛泽东对中国共产党人行为准则的最高概括。毛泽东一贯重视人民的利益,早在1922年党的第二次全国代表大会通过的《关于共产党的组织章程决议案》中就明确要求:"党的一切运动都必须深入到广大的群众里面去。"①1925年中央扩大执委会决议案指出:"中国革命运动的将来命运,全看中国共产党会不会组织群众、引导群众。"②1929年12月,毛泽东在古田会议决议中明确指出,党的工作要在讨论和决议之后,"再经过群众路线去执行"③。在抗日战争十分艰苦的1944年,毛泽东在《为人民服务》中明确地指出:"我们的共产党和共产党所领导的八路军、新四军,是革命的队伍。我们这个队伍全是为着解放人民的,是彻底地为人民的利益工作的。"④他还从哲学的高度出发,总结了群众路线的工作方法,即:一切为了群众,一切依靠群众,从群众中来到群众中去。

总之,毛泽东人本思想是中国共产党、中国人民和中华民族宝贵的精神财富,也是马克思人本思想中国化的宝贵结晶,它为中国特色人本理论体系的形成和发展奠定了基础、开辟了道路。

(二)以邓小平为核心的中共领导集体对人本思想的开拓与创新

邓小平的人本思想与毛泽东人本思想形成的共同之处在于二者都是把中华传统文化的精华和马克思主义人学思想有机融合,并在深刻分析中国特有国情的基础上,形成了中国共产党人的人本思想。同时,由于时代的进步,邓小平的人本思想已经蕴含了面向世界的现代精神。

首先,邓小平尊重人民群众的主体地位,认为人民群众是社会主义建设的基本动力。他指出:"中国的事情能不能办好,社会主义和改革开放能不能坚持,经济能不能快一点发展起来,国家能不能长治久安,从一定意义上说,关键在人。"⑤"文

---

① 国务院研究室.十届全国人大四次会议《政府工作报告》辅导读本[M].北京:人民出版社,2006:1.
② 中共中央文献研究室.建党以来重要文献选编(1921—1949)(第二册)[M].北京:中央文献出版社,2011:522.
③ 崔耀中.全面从严治党新要求、新特点、新部署[M].北京:人民出版社,2016:217.
④ 毛泽东.毛泽东选集(第3卷)[M].北京:人民出版社,1991:1004.
⑤ 邓小平.邓小平文选(第3卷)[M].北京:人民出版社,1993:380.

革"结束后，邓小平极力提倡解放思想、实事求是，努力把人民群众从思想僵化、迷信盛行的社会氛围中解放出来，使人民真正成为社会主义建设的参与者和价值主体，成为国家和社会的主人。以邓小平为核心的党的领导集体尊重人民群众的首创精神，相信人民群众能够在社会主义建设的实践过程中实现"自己解放自己"这一目标。比如家庭联产承包责任制就是中国人民特别是中国农民群众的伟大创造。邓小平充分肯定了安徽凤阳县小岗村农民实行包干到户的壮举，充分肯定了安徽、四川等地率先进行农村改革的试验。他曾说："哪种形式在哪个地方能够比较容易比较快地恢复和发展农业生产，就采取哪种形式……不合法的使它合法起来。"①他又对农村改革的典型经验大力推广，其目的正是为了打破"文革"时期遗留下来的、当时社会普遍存在的畏惧心理，以逐步在全国农村建立起联产承包责任制，彻底改善农村的生产面貌。

其次，邓小平推进了人的解放的历史进程。邓小平推进了人的精神解放。在党的十一届三中全会上，邓小平同志以《解放思想，实事求是，团结一致向前看》讲话为标志，冲破了"两个凡是"的桎梏，使人们从个人崇拜和教条主义的思想泥潭中摆脱出来。邓小平曾说过："一个党，一个国家，一个民族，如果一切从本本出发，思想僵化，迷信盛行，那它就不能前进，它的生机就停止了，就要亡党亡国。"②人民群众开始以有思想、肯思考、要拼搏、能创新的崭新思想状态和全新思维方式进入新时代，为中国的社会现代化建设奠定了充分的人力资源基础。

邓小平也为人的解放创造了坚实的物质基础。邓小平提出了影响深远的"生产力"标准。认为社会主义要大力发展生产力，如果社会主义国家生产力长期低下，人民生活水平长期得不到提高，社会主义就不能显示它的优越性，人的解放更是无从谈起。因此，党的十一届三中全会果断停止使用"以阶级斗争为纲"的口号，并做出了将全党的工作重点转移到社会主义现代化建设上来的重大战略决策。

再次，"尊重知识，尊重人才"是邓小平人才思想的核心内容。邓小平重视人才，"文化大革命"结束后，邓小平就积极地为知识分子恢复荣誉，为知识分子落实

---

① 邓小平.邓小平文选(第2卷)[M].北京:人民出版社,1994:323.
② 邓小平.邓小平文选(第2卷)[M].北京:人民出版社,1994:143.

政策,重申了知识分子是无产阶级的一部分这个重要论断。这种"尊重知识,尊重人才"的革故鼎新的提法,为改革开放后新的历史时期党的知识分子政策定下了基调。1992年邓小平在南方谈话中指出,中国的事情能不能办好,社会主义和改革开放能不能坚持,经济能不能快一点发展起来,国家能不能长治久安,从一定意义上说,关键在人。邓小平一直强调机遇难得,人才难得。这两个"难得"有着紧密的联系,抓住机遇,把中国发展起来,必须重视人才。"不拘一格降人才"是邓小平人才思想的灵魂。作为改革开放和现代化建设的总设计师,邓小平深知知识和人才的重要性,他高瞻远瞩地认为:"我们国家国力的强弱,经济发展后劲的大小,越来越取决于劳动者的素质,取决于知识分子的数量和质量。"[1]贤才出处,关乎现代化的成败,关乎国运的盛衰。作为具有长远历史眼光的政治家,他曾提出:"我们向科学技术现代化进军,要有一支浩浩荡荡的工人阶级的又红又专的科学技术大军,要有一大批世界第一流的科学家、工程技术专家。造就这样的队伍,是摆在我们面前的一个严重任务。"[2]邓小平提出要善待知识分子,他希望知识分子能够解放思想,放开手脚,为祖国多作贡献,并积极改善知识分子的待遇。

再次,重视教育是邓小平人才观的一个延续,邓小平对新中国教育事业一贯高度重视,并为此倾注了满腔热情和心血。1983年邓小平曾为北京景山学校题词:"教育要面向现代化,面向世界,面向未来。"这具有国家战略发展方向导向性的"三个面向"为我国之后的教育体制改革和发展指明了方向。中国特色社会主义建设事业需要培养各行业、各领域的人才,但培养什么样的人才也是一个至关重要的问题。邓小平在1980年首次提出培养有理想、有道德、有知识、有体力的"四有"新人的目标,1982年又把"四有"界定为"有理想、有道德、有文化、有纪律",在随后召开的第五届全国人民代表大会第五次会议上,"四有"方针被以根本大法的形式固定成为人才培养的标准。

总之,邓小平的人本思想与改革开放相伴而生,他的人本思维方式,他的一系列论述和政策方针很好地回答了谁是社会主体、谁是国家和历史的主人、谁是推动

---

[1] 邓小平.邓小平文选(第3卷)[M].北京:人民出版社,1993:120.
[2] 邓小平.邓小平文选(第2卷)[M].北京:人民出版社,1994:91.

社会历史前进的决定力量这一历史唯物主义的根本问题。

(三) 以江泽民为核心的中共领导集体对人本思想的推进与拓展

在国内外形势发生重大变化的背景下,江泽民的人本思想烙下了鲜明的时代特征。"我们建设有中国特色社会主义的各项事业,我们进行的一切工作,既要着眼于人民现实的物质文化生活需要,同时又要着眼于促进人民素质的提高,也就是要努力促进人的全面发展。这是马克思主义关于建设社会主义新社会的本质要求。我们要在发展社会主义社会物质文明和精神文明的基础上,不断推进人的全面发展。"[①]江泽民在庆祝中国共产党成立八十周年大会上的讲话中的这段论述表明,党始终以社会主义和未来共产主义发展的本质即人的全面自由发展问题作为一切工作的最高目标。"三个代表"重要思想作为立党之本、执政之基和力量之源则是实现这一最高目标的必要手段。

首先,以江泽民为核心的领导集体把人民群众视为社会主义改革、建设和发展成败的关键变量,在实践中坚持尊重社会发展规律和人民群众历史主体地位的辩证统一。江泽民指出:"随着改革开放的深入和经济文化的发展,我国工人阶级队伍不断壮大,素质不断提高。包括知识分子在内的工人阶级,广大农民,始终是推动我国先进生产力发展和社会全面进步的根本力量。在社会变革中出现的民营科技企业的创业人员和技术人员、受聘于外资企业的管理技术人员、个体户、私营企业主、中介组织的从业人员、自由职业人员等社会阶层,都是中国特色社会主义事业的建设者。"[②]只有以占人口绝大多数的人民群众为根本,充分尊重群众、彻底相信群众,积极鼓励群众,调动和保护人民群众的积极性、主动性和创造性,才能促进中国特色社会主义事业的兴旺发达。

其次,以江泽民为核心的领导集体把人民群众的根本利益摆在了举足轻重的位置。2000年2月,江泽民在广东考察工作期间,就如何加强新时期党建工作的调研时指出:"总结我们党70多年的历史,得出一个结论,这就是我们党所以赢得

---

① 江泽民.在庆祝中国共产党成立八十周年大会上的讲话(2001年7月1日)[M].北京:人民出版社,2001:42.

② 江泽民.全面建设小康社会 开创中国特色社会主义事业新局面[M].北京:人民出版社,2002:15.

人民的拥护,是因为我们党作为工人阶级先锋队,在革命、建设、改革的各个历史时期,总能代表着中国先进社会生产力的发展要求,代表着中国先进文化的前进方向,代表着中国最广大人民的根本利益。"①"三个代表"最根本的是代表人民群众的根本利益。"三个代表"创造性地把人的全面自由发展这一共产主义的理想境界与中国特色社会主义建设实践相结合,在牢记以每个人自由全面发展这一人类共同崇高理想的同时,以不断促进人的自由全面发展作为社会主义现时代的阶段性目标,使理论的科学框架有了现实的可操作的支点。

再次,以江泽民为核心的领导集体围绕"人才强国"战略,在深刻认识和全面把握物质资源和人才资源在人类社会发展中的重要作用及其辩证关系的基础上,提出了人才资源是第一资源的重要思想。"时代在前进,事业在发展,党和国家对各方面人才的需求必然越来越大。要抓紧做好培养、吸引和用好各方面人才的工作。进一步在全党全社会形成尊重知识、尊重人才,促进优秀人才脱颖而出的良好风气。……要用崇高的理想、高尚的精神引导和激励各种人才为国家为人民建功立业,同时要关心和信任他们,尽力为他们创造良好的工作条件。加快建立有利于留住人才和人尽其才的收入分配机制,从制度上保证各类人才得到与他们的劳动和贡献相适应的报酬。"②这一思想是以江泽民为核心的领导集体在综合分析日趋激烈的国际竞争态势后得出的重要结论。进入21世纪,以经济和科技实力为基础的综合国力竞争越来越激烈,而这种竞争在很大程度上是人才的数量和质量之争,也就是说,谁能占据人才的制高点,谁就能够在国际竞争中处于有利地位。人才是一个国家经济生活、政治生活、文化生活的中坚力量,是社会先进生产力和先进文化的创造者。尽管我国人力资源较为丰富,但人才资源缺乏,人才队伍的素质还不高,国际竞争力还不强。为促进"人才资源是第一资源"重要思想的落实,江泽民还提出要坚持"三个创新"和"四个尊重"。"三个创新"即科技创新、理论创新和制度创新。"四个尊重"即尊重劳动、尊重知识、尊重人才、尊重创造。这充分体现了党对知识和知识分子历史地位与重要作用的高度尊崇,对社会主义条件下人才和人

---

① 本书编写组.保持共产党员先进性教育实务手册[M].北京:人民出版社,2005:375.
② 江泽民.论"三个代表"[M].北京:中央文献出版社,2001:174.

才资源的高度尊崇,对新时期一切有利于祖国富强、民族振兴、人民幸福的创造精神和创造性劳动的高度尊崇,这也为促进人的素质养成和推进人的全面自由发展构筑了一个更为宽阔的平台。

总之,江泽民的人本思想把握了马克思主义的人本真谛,顺应了时代发展潮流,使党在执政过程中能够永葆先进性,并广泛地调动全国各族人民建设中国特色社会主义的积极性、主动性和创造性,有利于在全社会构建和形成鼓励人民干事业、支持人民干成事业的良好氛围。

(四)以胡锦涛为核心的中共领导集体对人本思想的深化与突破

在新的历史条件下,在全面建设小康社会的伟大实践中,围绕树立什么样的发展观,如何实现又好又快发展等问题,以胡锦涛为核心的领导集体洞悉历史发展的趋势,顺应时代发展的潮流,从社会发展的目的、动力、成果归属等维度科学回答了发展和人的关系问题,适时提出了"以人为本"的思想。这也是在中国共产党的历史上,第一次明确提出"以人为本"的思想。2007年,胡锦涛在做十七大报告时强调指出,科学发展观的第一要义是发展,核心是以人为本,要做到发展为了人民、发展依靠人民、发展成果由人民共享。

首先,以胡锦涛为核心的领导集体回答了发展"为了谁"的问题。发展为了人民,人民是发展的目的。党应该把实现好、维护好、发展好最广大人民的根本利益作为党和政府一切方针政策和各项工作的根本出发点和落脚点,把发展的目的真正落实到满足人民需要、实现人民利益、提高人民生活水平上。他提出:"各级领导干部要坚持深入基层、深入群众,倾听群众呼声,关心群众疾苦,时刻把人民群众的安危冷暖挂在心上,做到权为民所用,情为民所系,利为民所谋。尤其要关心那些生产和生活遇到困难的群众,深入到贫困地区、困难企业中去,深入到下岗职工、农村贫困人口、城市贫困居民等困难群众中去,千方百计地帮助他们解决实际困难。要通过扎实有效的工作,实实在在地为群众谋利益,带领群众创造自己的幸福生活。……只有具备这份真情,才能忠诚党的事业,严守党的纪律,维护党的形象,努力保持共产党员的先进性,才能为群众诚心诚意办实事、尽心竭力解难事、坚持不懈做好事。"①这表明胡锦涛的"以人为本"已经超越了"站起来""温饱"等标准,这一求真务实的指导思想,拓展了对社会发展内涵及其实质的认识,意味着广大人民政治地位的平等、经济地位的提升、每个人基本权利的保障以及人的全面发展的阶段性实现等。党致力于为民谋利,从国富到民富,让民众切实分享到更多的发展成果,真正做到"权为民所用、情为民所系、利为民所谋"。

其次,"为了谁"和"依靠谁"是分不开的。"以人为本"秉承了人民群众是历史的创造者这一唯物史观,不仅主张人是发展的根本目的、回答了发展"为了谁"的问题,而且主张人是发展的根本动力,回答了怎样发展、发展"依靠谁"的问题。人是发展的根本目的,也是发展的根本动力,一切为了人,一切依靠人,二者的有机统一构成了"以人为本"的完整内容。胡锦涛在庆祝中国共产党成立90周年大会上指出:"九十年前,中国共产党只有几十个成员,国家贫穷落后,人民苦不聊生。今天,中国共产党已经拥有八千多万党员,国家繁荣昌盛,人民幸福安康。九十年来,我们党取得的所有成就都是依靠人民共同奋斗的结果,人民是真正的英雄,这一点我们永远不能忘记。"②党来自于人民、植根于人民、服务于人民。如果说共产党人是种子,那么人民就是土地;如果说共产党人是"安泰",那么人民就是大地母亲。人的发展越全面,就越能为社会创造更多的物质财富和精神财富。只有客观看待历史,正确认识人民群众创造历史的伟力,才能最大限度地调动广大人民群众的积极性、主动性和创造性,才能提高各项工作的水平,确保各项工作的成功。

再次,以胡锦涛为核心的领导集体认为"以人为本"除了需要搞清"为了谁"、弄懂"依靠谁",最终还要解决好"我是谁"的问题,从而深化了对共产党执政规律的认识。对党的执政方式不断进行新的思考,这关系到党的生死存亡,因为只有对"我是谁"这一问题有了清醒的认识,才能更好地定位自己、提升自己。"我是谁"问题的本质在于如何定位党与人民群众的关系。中国共产党自诞生之日就始终与人民群众患难与共,可以说,党与人民群众的关系就好比鱼和水、学生和老师的关系。共产党人要牢记自己的身份和位置,正如胡锦涛提出的:"每一个共产党员都要把

---

① 本书编写组.党的群众路线教育党员干部读本[M].北京:人民出版社,2013:123.
② 中共中央文献编辑委员会.胡锦涛文选(第3卷)[M].北京:人民出版社,2016:543.

人民放在心中最高位置,尊重人民主体地位,尊重人民首创精神,拜人民为师,把政治智慧的增长、执政本领的增强深深扎根于人民的创造性实践之中。"①没有人民群众的付出和支持,离开了人民群众,就没有了依托和支撑,就会一事无成。胡锦涛高度重视党内特别是干部队伍在作风上存在的突出问题。他还指出极少数党员干部作风不实,在紧急情况下如在抗击非典的斗争中存在工作不力、举措失当的问题。胡锦涛在2003年中央经济工作会议上还针砭了作风不实现象。他说,有一些同志对政绩问题缺乏正确的认识,工作的出发点不是更多地为群众办实事、谋实利,而往往是考虑个人的得失,热衷于上项目、铺摊子,搞华而不实、劳民伤财的"形象工程"。他强调,树立正确的政绩观,说到底就是要忠实实践党的宗旨,真正做到权为民所用、情为民所系、利为民所谋,不盲目攀比,不搞花架子,不急功近利。要坚定不移地加强党风廉政建设,努力转变思想作风和工作作风,切实改进领导方式和领导方法,坚决防止和克服形式主义、官僚主义。他指出,要把树立正确的政绩观作为新时期党的建设新的伟大工程的重要内容,通过加强思想政治建设和深化干部制度改革予以切实保证。科学执政、民主执政和依法执政正是科学发展观"以人为本"在执政方式上的集中体现。

总之,以人民群众为根本是"以人为本"的实质和核心,实现好、维护好、发展好最广大人民群众的根本利益是党一切工作的最高目标。党带领全国人民在社会主义实践中所言、所做和所为,为"以人为本"执政理念做了有力的、最好的诠释。

二、新发展理念人本思想的当代诠释

"创新、协调、绿色、开放、共享",是社会主义新时代以习近平同志为核心的党中央提出的新发展理念,是党的十八大以来一系列治国理政新战略的有机集成,也是引领我国未来经济社会发展的行动纲领。新发展理念反映了我国经济结构进入战略调整期后带来的社会认知与思维方式的整体转向,具有强大的理论穿透力、时代解释力及现实执行力,是破解新常态下各种矛盾和问题、全面建成小康社会及实

---

① 本书编写组.胡锦涛总书记在庆祝中国共产党成立90周年大会上的讲话学习读本[M].北京:人民出版社,2011:86.

现"两个一百年"伟大奋斗目标的理论先导。

与以往"增长至上"为主流的发展理念相比,作为统领未来发展"大逻辑"的新发展理念,在继承马克思主义发展观"人民至上"的恒久性价值取向基础上,更侧重一种思维方式的转向,即从社会发展的宏观层面向"人"自身发展的微观层面的彻底转换和深入开掘。在这样的理论预设之下,一条不言自明的隐性逻辑链条即为:具有深刻人学意蕴的新发展理念精辟地揭示了促进人的全面自由发展的社会运行机理,其"五位一体"总体布局、"四个全面"战略布局所勾勒的发展框架为实现人的全面自由发展提供了切实的制度保障。同时,人的类本质在社会主义新时代的逐步彰显也是新发展理念得以落实的主体动力和实践皈依。

恩格斯认为:"要不是每一个人都得到解放,社会也不能得到解放。"[①]每一个人即"现实的人"是唯物史观的出发点和落脚点,"现实的人"不是"单个人的抽象物",而是生活在一定的社会关系中的、以某种共同体形式存在的许多个体的集合。

"以人民为中心"是新发展理念的价值核心,新发展理念所揭示的不是单一静态的原则或理论概念,而是以"现实的人"作为理论基础及立论前提的、具有鲜活生命力和巨大吸引力的社会运行理论系统。

(一) 新发展理念的出场背景

"时代是思想之母,实践是理论之源。"自党的十八大以来,以习近平总书记为核心的党中央领导集体面临世界百年未有之大变局,全面总结国内外发展经验,以中国特色社会主义实践的现实需要为立足点和着眼点,深刻分析了新时代我国社会主要矛盾转化和经济社会发展的阶段性变化以及未来发展的机遇和挑战,创造性地提出了以创新发展理念为首的新发展理念。新发展理念不仅是精准破解我国现阶段发展瓶颈及发展难题、塑造未来发展新优势、引领新阶段高质量发展的理论指导和实践指南,同时也是顺应人的全面自由发展总趋势的时代潮流,契合我国当前人的发展阶段的新形势和新问题,是引领人的解放这一伟大实践的科学指引,反映了党对人自身发展规律的深刻洞察。新发展理念赋予了马克思主义人的发展理

---

① 马克思,恩格斯.马克思恩格斯选集(第3卷)[M].北京:人民出版社,1995:644.

论新的时代内容和逻辑体系,丰富和发展了科学社会主义的理论宝库。

"发展"本身是一个持续变化的过程,发展的条件是在持续变化的,发展的环境也是在持续变化的,发展理念当然也会持续变化。从个体的角度看,人的发展并不是一个纯粹自然的状态,同样是个持续变化的过程。在这一过程中,特别需要一个科学的发展观来引导,否则人的发展很容易走向孤立化和片面化。社会主义新时代,随着第四次科技革命序幕的拉开,大数据、云计算、物联网、人工智能、新材料、5G以及生物工程等的到来,伴随着整个社会思想的解放和认知观念的更新,人的全面自由发展无论从内涵还是外延、从深度还是从广度上来看,都得到了极大的丰富和拓展,以往发展推进人的全面自由发展的思路、方式和具体路径必然也会相应地发生变化。倡导创新、协调、绿色、开放、共享的新发展理念,以人的全面自由发展为出发点和落脚点,科学回答了全新的历史条件下人应该实现什么样的发展以及怎样追求人的全面自由发展的问题。

(二)新发展理念对马克思发展理论人民性的升华

习近平总书记曾说过:"尽管我们所处的时代同马克思所处的时代相比发生了巨大而深刻的变化,但从世界社会主义500年的大视野来看,我们依然处在马克思主义所指明的历史时代。"①总体来看,新发展理念的人本内涵呈现出继承和发展相结合、理论与实践相统一的鲜明特征。新发展理念旗帜鲜明地提出"以人民为中心"的发展思想,新发展理念既是马克思"现实的人"的理论在具体社会历史时段的实践逻辑展开,同样也是新时代理论形态的具体建构。习近平总书记曾经深刻地指出:"着力践行以人民为中心的发展思想。……体现了我们党全心全意为人民服务的根本宗旨,体现了人民是推动发展的根本力量的唯物史观。"②可以说,新发展理念的"根"与"魂"就是"以人民为中心",人民至上是党带领全国各族人民把新发展理念全面落实到各个领域的切入点、着力点和落脚点,这是关系党的执政基础的重大政治问题。新发展理念必须始终坚持发展为了人民、发展依靠人民、发展成果由人民共享,把维护和增进人民福祉看作检验发展成果的重要标尺,才能够得到人

---

① 习近平谈治国理政(第二卷)[M].北京:外文出版社,2017:66.
② 习近平谈治国理政(第二卷)[M].北京:外文出版社,2017:213.

民群众的拥护和支持,才会充分调动人民群众的积极性、主动性和创造性。"十四五"期间,经济发展、改革开放、社会文明、生态文明、民生福祉、国家治理被归结为我们矢志不渝追求的六大目标,这六大目标从本质上均是指向人的全面自由发展,是"以人民为中心"这一主导价值的生动化、具体化展开和演绎。因为"中国梦是民族的梦,也是每个中国人的梦""国家好、民族好,大家才会好""人民对美好生活的向往,就是我们的奋斗目标"①。

(三)新发展理念在中西比较的国际视野中优势凸显

马克思曾说过:"人和自然界之间、人和人之间的矛盾的真正解决,是存在和本质、对象化和自我确证、自由和必然、个体和类之间的斗争的真正解决。"②马克思的这段描述,揭示了在共产主义实现之前的一个漫长的历史时段,人在历史进程中的生存发展状态与社会历史发展往往呈现出不一致性的特征。那么人的发展和社会发展孰先孰后?也就是在发展的过程中谁的优先级更高?这正是不同发展观的分歧所在。

西方自近代工业革命的大门开启之后,其发展观的演进大体历经了两个阶段。第一个阶段初始于亚当·斯密的自由市场经济发展观,在第二次世界大战之后演化成鼎盛一时的经济增长发展观。这一发展观主要探讨的是怎样通过经济发展这一手段来迅速地增加社会财富。这在给西方世界带来经济繁荣之后,也产生了诸多消极后果。第二个阶段则是从20世纪70年代延续至今的新兴发展观。西方的理论家、政治家们开始反思、批判单纯追求经济增长的传统发展观,并从不同视角诠释了若干新的发展理念、发展思想。比如法国经济学家弗朗索瓦·佩鲁在联合国1979年"研究综合发展观"主题大会的委托下,撰写了专著《新发展观》。这本书阐述了诸多新发展理念,其中"人本"思想尤为引人关注。印度经济学家阿马蒂亚·森在其著作《以自由看待发展》中,把人的自由和发展相提并论,指出发展的目的是"消除那些限制人们自由的主要因素",由此,"发展可以看作是扩展人们享有

---

① 习近平谈治国理政(第一卷)[M].北京:外文出版社,2014:40、64、424.
② 马克思,恩格斯.马克思恩格斯全集(第42卷)[M].北京:人民出版社,1979:120.

真实自由的一个过程"①。他还为联合国撰写了《人类发展报告》,在把人本的思想贯彻其中的同时,还具体设计了使这一思想量化的"人类发展指数"。可以说,随着资本主义的不断发展,整个资本主义社会由于失衡而日益陷入诸多危机和困境之中。

有学者总结,面对这些危机和矛盾,西方学者大体探寻了两条解决路径:一是试图在资本主义社会内部加以解决,即以后现代性来解决现代性遭遇的问题和困境;二是寻求突破和超越资本主义社会的替代方案,发现某种可供选择的未来前景②。但是,今天西方社会面对的绝非简单的理论困境,而是实实在在的实践悖论。资本主义的内在基因及其特有属性决定了西方社会在各个领域必然遵循资本主导的逻辑,这就使人的发展不过是在虚幻、抽象的"人权"掩盖下的少数人的发展,而社会大多数人的发展却举步维艰。

在抗击新冠疫情的过程中,一向标榜高度崇尚"民主、自由、人权"的欧美等国可谓丑态毕露,经济、选票都可以凌驾于生命权之上。疫情发生以来,中国始终坚持以人民为中心的生命健康权保障理念,平等无差别救治患者、拯救生命,将感染率和病亡率控制在最低水平。中国的救治方案和策略,坚持践行了"人的生命是无价的"这一原则,这是最大的人权。中国也已经由此创造出了管控新冠疫情的奇迹。中国还积极倡导构建人类卫生健康共同体,开展了大规模的全球人道主义行动,为全球抗疫贡献了智慧和力量。中国的抗疫行动,正是对新发展理念的最好诠释和生动实践。

---

① 阿马蒂亚·森.以自由看待发展[M].任赜,于真,译.北京:中国人民大学出版社,2002:13.
② 任铃.新时代中国特色社会主义新发展理念的整体性探寻[J].学术论坛,2018,41(1):156-162.

第二章

新发展理念的人本视野与精神特质

经济社会发展的最终目标是实现人的全面自由发展,厘清新发展理念的人本视野及其精神特质,我们才能深刻理解发展的视角如何从"物"转向"人"的内在逻辑。

第一节 新发展理念的人本视野

一般来说,建立怎样的发展观在相当程度上取决于构建这一发展观的哲学前提或者哲学视野。新发展理念打开了人认识自身丰富性的全新视角,彰显了党对社会主义本质的深刻体认,映射了新常态下人的现实生存状态,展示了百年变局下人的主体担当。

一、新发展理念打开了人认识自身丰富性的全新视角

人类社会的发展史,也是人自身的发展史,其本质,是人类在认识和改造自然的过程中达到自我认识、自我改造、自我完善以及自我发展的过程。在每一个特定的历史时段,因为时代和社会发展阶段的差异性,由此导致了不同时代、不同社会的人的差异性以及他们对自身认识的差异性。自人类从原始蒙昧状态摆脱出来并产生自我意识之后,如何在赖以存在的社会生产、生活实践中消弭人与自然、社会的对

抗,在发展中平衡三者之间的关系,这是人必须面对的首要问题。正如马克思所言:"个人怎样表现自己的生活,他们自己就是怎样。因此,他们是什么样的,这同他们的生产是一致的——既和他们生产什么一致,又和他们怎样生产一致。"①

人的认识的历史正是由人的存在与发展的历史性所决定的。人类文明的演进历程,经历了从缓慢量变到加速质变的过程,正如无数缓缓流淌的小河在汇聚成波澜壮阔的大江大河、获得了巨大的势能后,势必奔涌着流向更为广阔的大海。什么是解读人类文明跃迁的关键密码? 马克思认为,人类文明的每一次跃迁,起决定性作用的是生产力的最重要因素——生产工具的革新。人类之所以能够进化,从而与动物相揖别,正是因为人类能够创造性地制造石器、以钻燧取火等利用自然、改造自然。正如恩格斯所言:"就世界性的解放作用而言,摩擦生火还是超过了蒸汽机,因为摩擦生火第一次使人支配了一种自然力,从而最终把人同动物界分开。"②生产力是社会发展的最终决定力量。此后,铁器的制造和使用、蒸汽机的发明和普遍利用、电力的发明和广泛应用、电子计算机等的发明及网络技术的发展把人类社会带入了一个又一个文明的新高度。每一次工业革命都使人类社会的生产力水平大幅提高,生产方式发生巨大变化,经济活动的范围、规模空前扩大,人们的生活方式、交往方式发生根本改变,也为人的全面自由发展提供了更多的条件性要素。正如摩尔根所说的:"人类发展进度始终是按照几何比例的,虽不是严格遵循这个规律,但基本上是如此。"③今天,我们正在经历一场更大范围、更深层次的科技革命和产业变革。5G、人工智能、量子技术、石墨烯、生物基因技术等前沿技术不断取得突破,新技术、新业态、新产业层出不穷,这势必带来生产力指数级的爆发和人的进一步解放。

以生产工具为重要标志的生产力是人在改造自然的物质生产活动中人的本质力量得以发挥的重要载体和具体显现。人在劳动过程中,在促进社会生产力发展的同时,也不断获得对自身丰富性的理性认知,这有力地促进了人自身的全面自由

---

① 马克思,恩格斯.马克思恩格斯选集(第1卷)[M].北京:人民出版社,1995:67-68.
② 马克思,恩格斯.马克思恩格斯选集(第3卷)[M].北京:人民出版社,1972:154.
③ 摩尔根.古代社会[M].刘峰,译.北京:京华出版社,2000:37.

发展。马克思以生产力为依据,从历史发展的角度把人的发展分为三个历史阶段,从而揭示了人的发展的历史进程及其内在规律。马克思认为:"人的依赖关系(起初完全是自然发生的),是最初的社会形态,在这种形态下,人的生产能力只是在狭窄的范围内和孤立的地点上发展着。以物的依赖性为基础的人的独立性,是第二大形态,在这种形态下,才能形成普遍的社会物质变换,全面的关系,多方面的需求以及全面的能力的体系。建立在个人全面发展和他们共同的社会生产能力成为他们的社会财富这一基础上的自由个性,是第三个阶段。第二个阶段为第三个阶段创造条件。"①

第一个历史阶段属于自然经济,以人对人的依赖关系为主要特征,原始社会、奴隶社会和封建社会是与之相对应的社会形态。马克思认为,这一阶段生产力水平低下、社会分工尚不发达,较为封闭的社会经济结构、社会劳动很大程度替代了个别劳动的诸种因素,决定了社会生产实践中的个人,表现为不独立的、从属于一个较大的整体的状态。因而,马克思称之为"原始丰富"和"有局限的满足",人对自身的认识和探究是相当有限的。第二个历史阶段是"以物的依赖性为基础的人的独立性"阶段,表现为人对物的依赖关系,资本主义社会即属于这类形态。这一阶段,生产力发展得较为充分,且由于社会分工的持续细化和不断扩大,商品经济代替自然经济逐渐取得统治地位,这为个人的全面自由发展开辟了道路。但由于资本主义制度条件下,冰冷的"现金交易"取代了之前"温情脉脉的家庭关系",人的关系表现为赤裸裸的生产关系和交换关系,"物"的形式代替了"人"的形式,劳动者完全沦为机器和资本的奴隶。在这一阶段,私有制和劳动制约了人的一切生存条件、人的自主活动以及个人本身能力的发挥,人对自身的认识虽然较前一阶段有了一定的进步,但终究有限。第三个历史阶段即"自由人联合体"阶段,这一阶段承载了马克思对人的发展的最核心的价值追求,对应的是共产主义社会阶段。人在这一阶段获得了自身的解放,实现了真正的自由而全面发展。相对于"从前各个人联合而成的虚假的共同体",这里的"共同体",是"真正的共同体"。这一阶段,随着私有制的废除、阶级差别的消失,全部生产都集中在了联合起来的个人手中,即生产资

---

① 马克思,恩格斯.马克思恩格斯全集(第46卷)(上)[M].北京:人民出版社,1979:104.

料归全社会直接占有和分配,生产力获得了巨大发展,物质产品极大丰富。在共产主义条件下,人获得了认知自身的整全、丰富的视角,个人劳动与社会劳动由对立转化为统一,劳动成为劳动者的自主劳动,人能以一种全面的方式、作为一个完整的人占有自己的全部的本质。

根据马克思的描述"视觉、听觉、嗅觉、味觉、触觉、思维、直观、情感、愿望、活动、爱,——总之,他的个体的一切器官,正像在形式上直接是社会的器官的那些器官一样,是通过自己的对象性关系,即通过自己同对象的关系而对对象的占有,对人的现实的占有"[①],可以说,人在社会生产过程中的自由自觉活动催生了人的本质力量,也催生了人独有的思维、情感、意志等能力的日渐丰富,正是这些能力成全了人不同于动物的丰富性和未完成性,这就意味着人的全面自由发展应该是具有多个维度的全面自由发展。

从以上分析可以看出,人的丰富性的自我实现过程,是一个受人所处的社会发展阶段、经济状况及科学技术水平等因素制约和影响的、在交往实践中逐渐敞显的自然历史过程。考察现时代人的发展,与经济发展水平相一致,从新中国成立后我国发展观中价值本位的演进轨迹看,从社会发展替代人的发展的"社会人",到经济增长湮没人的发展的"经济人",直到克服了二者片面性的"科学发展观"的提出,"完整的人"才得以解蔽,并作为发展的目的和发展的主体重新回归到我们的视野中来。社会主义新时代,新发展理念从生存论意义的高度开启了对人的丰富性的认识的新境界:人的丰富性是在人与物、人与自然、人与人以及人与其自身关系的和谐共生中开显的,而这一丰富性只能通过人对人的本质的真正占有来实现。

二、新发展理念彰显了党对社会主义本质的深刻体认

社会主义思想在诞生之日起,就寄托了人们对公平、正义、幸福等未来理想社会的美好期许。如果以 16 世纪托马斯·莫尔的《乌托邦》为计算起点,社会主义已经有 400 年的历史。流行于 19 世纪初期西欧的空想社会主义也被称为乌托邦社会主义,欧文、圣西门和傅立叶等是著名代表人物,他们主张建立一个没有阶级压

[①] 马克思,恩格斯.马克思恩格斯全集(第 3 卷)[M].北京:人民出版社,2002:302.

迫和剥削以及没有资本主义弊端的理想社会。英国人最早使用了具有现代意义的"社会主义"这一概念,比如,1827年,在英国空想社会主义者欧文派主办的《合作杂志》刊登的文章中第一次出现了"社会主义者"一词,认为凡是主张资本归公有的人是"公有主义者和社会主义者"。法国圣西门派活动家比埃尔·勒鲁在1834年的文章《论个人主义和社会主义》中,具体诠释了"社会主义"这一概念,认为只有走"联合"或"社会主义"的道路,占人口大多数的贫苦人民的命运才能得到改善。空想社会主义者们使用"社会主义"一词,实际上还缺乏对这一理论的内涵及其实践路径的深入思考,更多的是借以表达对资本主义制度下人与人之间的不平等的愤慨,幻想以一个财产公有、人人平等的和谐社会取而代之。

社会主义从空想发展到科学,是马克思和恩格斯的卓越功绩。马克思和恩格斯在1848年发表的《共产党宣言》使社会主义真正成为真理性理论体系,它全面阐述了科学社会主义的基本原理,并最终演绎为无产阶级谋求自身解放的实践活动。

共产主义社会的本质特征有哪些?马克思在《德意志意识形态》中为我们进行了粗略的勾勒:共产主义社会是一个消灭了生产资料私有制的社会,由联合起来的个人共同支配财产。阶级和作为阶级统治工具的国家已然消亡;人们不会终生束缚于一种职业,社会分工不复存在。脑体对立、城乡对立消失,劳动异化现象消失,并由之前的强制性活动变为自由人的自觉自主活动。社会成为真正的个人联合体,人们有权力支配自己的生活。生产和社会活动被有计划地组织起来,人们在改造物质条件的同时,自身的思想和素质也将不断地提高,培育社会主义新人成为整个社会的共同目标。马克思、恩格斯还特地指出要注意区分两种共同体:一种是冒充的、虚假的共同体,因为在这一共同体中统治阶级存在着个人自由,而对于被统治阶级而言,只是新的桎梏。另一种才是真正的共同体,即共产主义社会。只有在共产主义社会中,私有制和阶级才被真正地消灭,个人与国家的利益达到了高度一致。共产主义社会为个体的全面自由发展提供了条件性保障,个体的全面自由发展将进一步巩固和促进共产主义社会的全面健康发展。

"全部社会生活在本质上是实践的。……凡是把理论引向神秘主义的神秘东西,都能在人的实践中以及对这个实践的理解中得到合理的解决。"①社会主义本质亦然。马克思、恩格斯在为我们实现共产主义提供科学的方法论指导的同时,只是为我们指明了未来社会发展确定不移的趋势和方向。因此,关于社会主义本质的看法并非一成不变,而是随着实践的发展而发展。社会主义的本质是什么?不同时代的马克思主义者必须要以具体的社会历史条件为依据,做出理性的回答。如果说科学社会主义属于真理范畴,那么根据真理的相对性,每一阶段关于社会主义本质的认识都是对科学社会主义这一真理认识过程中无法跨越的一个历史环节。

新中国成立后,以毛泽东同志为核心的党的第一代中央领导集体坚定不移地推进马克思主义中国化,为新时期开创中国特色社会主义作出了重大历史贡献。毛泽东一生中使用最多的一个政治概念就是"人民","人民"是毛泽东思想体系的重要组成要素。人民主体思想,也成为毛泽东思考社会主义本质的重要哲学基础。毛泽东继承了马克思关于社会主义公有制、按劳分配等关于社会主义本质的主要观点,并对人民如何走上富裕的道路进行了思考。他认为社会主义经济的本质是为人民服务的经济,并提出"要巩固工农联盟,我们就得领导农民走社会主义道路,使农民群众共同富裕起来,穷的要富裕,所有农民都要富裕,并且富裕的程度要大大地超过现在的富裕农民"②。他还强调:"我们目标是要使我国比现在大为发展,大为富、大为强。""这个富,是共同的富,这个强,是共同的强,大家都有份,也包括地主阶级。……农民这个阶级还是有的,但他们也变了,不再是个体私有制的农民,而变成合作社集体所有制的农民了。"③这些论述都充分展示了毛泽东的发展观的出发点和归宿在于"为民"的价值取向。

关于社会主义本质,邓小平有一个经典的概括,即"社会主义的本质,是解放生产力,发展生产力,消灭剥削,消除两极分化,最终达到共同富裕"④。这一经典论述体现了目的与手段的有机统一。以"解放生产力、发展生产力"为手段,以"满足人民需要,实现共同富裕"为目的。

---

① 马克思,恩格斯.马克思恩格斯选集(第1卷)[M].北京:人民出版社,1995:56.
② 毛泽东.毛泽东选集(第5卷)[M].北京:人民出版社,1997:196-197.
③ 毛泽东.毛泽东文集(第6卷)[M].北京:人民出版社,1999:495.
④ 邓小平.邓小平关于建设有中国特色社会主义的论述专题摘编[M].北京:中央文献出版社,1992:51.

以江泽民为核心的党的第三代中央领导集体进一步深化了对什么是社会主义、怎样建设社会主义这一问题的认识，"三个代表"的提出就是社会主义本质问题深入思考后的一个具体体现。为了更好地解放和发展生产力，更好地消灭剥削，消除两极分化，最终达到共同富裕，党必须始终代表先进生产力、代表先进文化的前进方向、代表最广大人民群众的根本利益。"三个代表"既包括了社会主义社会的生产力问题，也包含了以社会主义生产关系为基础的社会关系问题，是一个有机的整体。它和社会主义本质论所包含的内容是统一的。

党的十六届六中全会通过的《中共中央关于构建社会主义和谐社会若干重大问题的决定》提出"社会和谐是中国特色社会主义的本质属性"。这一重大判断与党以往形成的关于社会主义本质的认识成果是一脉相承的，同时又在继承前人的基础上做出了新的理论创造，具有十分突出的理论创新与实践创新价值。高度的社会和谐不可能自然而然地实现，需要我们在经济社会发展的基础上更加自觉主动地创建。这一论断进一步深化了党对社会主义本质的科学认识，体现了我国社会主义国家的政权性质，深刻反映了把中国建设成为富强民主文明和谐的社会主义现代化国家的内在要求，充分体现了我国最广大人民的根本利益和共同愿望，反映了党坚持立党为公、执政为民的本质要求。

全心全意为人民服务向来是党的根本宗旨，也是党一切工作的出发点、归宿和根本价值取向。人民对美好生活的向往，就是新时代党的奋斗目标。人民的满意程度是对党的执政水平和执政效果评判的主体依据和根本价值尺度，诚如习近平总书记所言："时代是出卷人，我们是答卷人，人民是阅卷人。"[①]可以说，坚持党的领导与坚持以人民为中心具有内在的、深刻的一致性。

社会主义进入新时代，广大人民利益最根本的保障，更多地体现为中国共产党作为执政党是否能够精准地把握时代发展的脉搏、适时制定出科学有效的发展战略。新发展理念不仅反映了党对经济、社会发展规律认识的再深化和新飞跃，也反映了党对社会主义本质的深刻体认和充分彰显。可以说，党提出的引航未来社会发展的新发展理念，是对新常态下中国发展问题的现实关切，也是对人民从生存型

---

① 中共中央宣传部.习近平新时代中国特色社会主义思想三十讲[M].北京：学习出版社，2018：39.

阶段向发展型阶段转变的理性承诺和价值期许。闪耀着智慧光芒、蕴含着真理力量的新发展理念,要想在中国大地上落地生根、变成全体人民的普遍实践,关键在于党的领导。

习近平总书记在 2012 年赴河北省考察时提出:"消除贫困、改善民生、实现共同富裕,是社会主义的本质要求"①,并在领导文件起草工作中,多次强调要以人民为中心,促进全体人民共同富裕不能含糊。实现共同富裕,既要立足于把"蛋糕"做大,又要着眼于把"蛋糕"分好,"创新、协调、绿色、开放、共享"的新发展理念无论是从作为解放和发展生产力的手段来看,还是从作为实现共同富裕目标上看,均与社会主义本质理论密切耦合,体现了党始终坚守的坚定的人民立场。

三、新发展理念映射了新常态下人的现实生存状态

习近平总书记在 2014 年 5 月考察河南时首次提出"新常态",标志着"新常态"正式成为执政新理念的关键词。2014 年 11 月 9 日,习近平在亚太经合组织(APEC)工商领导峰会上首次系统阐述了"新常态",并表示:新常态将给中国带来新的发展机遇。2015 年中央经济工作会议指出:"认识新常态,适应新常态,引领新常态,是当前和今后一个时期我国经济发展的大逻辑。"研究一种经济现象首先要从考察这一经济现象的内部关系入手,也就是要从哲学视角和运用哲学思维来进行考察。历史唯物主义告诉我们,社会基本矛盾是人类社会最普遍的矛盾,是社会发展的根本动力。所谓社会基本矛盾,就是指生产力与生产关系的矛盾、经济基础与上层建筑的矛盾,"新常态"就是由社会基本矛盾推动下的人类社会历史更迭到一定阶段的社会主要矛盾的一个具体呈现。所谓"新常态"是和"常态"相对应而言的。"新常态"和"常态"的关系实际上是社会经济运行过程中彼此联系、相互斗争的矛盾的两个方面。"新常态"的提出实际上反映了当前我国经济社会发展领域涌现出的一些前所未有的新状况和新问题,即经济社会运行中的矛盾各要素之间发展的不平衡性,这也反映了党中央试图用更长远的目光来看待和解决当前矛盾,把"新常态"下矛盾的不平衡性作为人类历史发展的一个阶段加以分析和解决,展

---

① 习近平. 习近平谈治国理政(第一卷)[M]. 北京:外文出版社,2018(再版):189.

示了党的领导人敢于直视矛盾、勇于解决矛盾的非凡的政治勇气和政治担当。

从现象层面看,"新常态"下,中国经济转型发展呈现出若干新的特点:从高速增长转为中高速增长,经济结构不断优化升级,从要素驱动、投资驱动转向创新驱动。可以说,我国经济正在向高效率、低成本、可持续的中高速增长阶段发展。深入本质层面,改革开放四十年,我国的经济发展创造了"中国奇迹",成就举世瞩目。但是,长时间的经济高速增长,也积累和暴露出许多不容忽视的矛盾与问题。"新常态"反映了当前我国经济下行压力较大、环境问题突出、人口资源锐减、社会保障任务艰巨、地区差异和贫富差距较为明显等问题,这些问题不仅是我国迈向小康社会的巨大障碍,也是中华民族走向伟大复兴中国梦的巨大障碍,亟须破解。究其原因,以往的经济发展取向是GDP(国内生产总值)的高速增长,而忽视了对经济协调发展和民生的改善;从发展动力看,主要以出口和吸引外来投资为增长动力,而对人力资本、创新等要素的作用重视和发挥不够,忽视了国内市场和人民的多元需求;从发展方式看,以往的发展基本上奉行的是粗放型、外延式的增长方式,拼资源、拼消耗,造成了严重的生态和环境问题,经济发展遇到了资源、环境瓶颈难以突破等问题;从资源配置来看,以往我们有廉价劳动力的优势,但随着劳动力成本上升、人口老龄化的到来,人口红利难以为继,而且与人的全面自由发展目标渐行渐远。上述这些问题,虽然发生在经济领域,但如果处理不好,将直接影响到整个社会发展,从而直接危及人的解放和发展。所以,经济发展新常态的提出,直接的原因是经济发展日益暴露出严重的矛盾与问题,深层的原因则是人的生存发展面临新的困境[①]。

人类社会的每一次重大历史变革都有主体觉醒的影子,人类社会越是向前发展,作为人类发展内在要求的主体性和自觉性就越是突出。新常态作为社会发展的重要方面,势必对人的生存和发展产生巨大影响,且为人的生存、发展提供更多可能性。"新常态"的提出,不管从理论上抑或从实践上看,我们都能清晰地感受到党对经济社会发展把握的主体性和自觉性。处理"新常态"不仅要有贯穿历史过程的眼光,还要有具体问题具体分析的专注于当下的实事求是精神。我们要改变过

---

① 丰子义.经济发展新常态的人学审视[J].山东社会科学,2016(1):5-9.

去四十多年那种高速增长、GDP至上的习惯性思维定式,以人的发展为核心,来确立新的发展思路、新的发展理念,寻找新的发展路径。正如有学者所言,发展得正常不正常、合理不合理,总是要有一个评价的尺度,这种尺度既是一个"事实尺度",也是一个"人的发展尺度"。所谓"事实尺度",主要指经济发展速度是否适当、经济结构是否合理、经济发展各种要素和资源配置是否协调等;所谓"人的发展尺度",主要指经济发展是否正常、合理,关键是看其能否有效地提高人们的生活水平和质量,能否保证人的正常生存发展。完整意义上的发展,不仅是以经济增长的程度来界定的,更重要的是以发展的结果对人的发展的关系来确定的,离开了人的发展,很难透彻地讲清楚经济发展的合理性和正常性[1]。新发展理念的提出,推进了马克思主义发展观的时代化,体现了"新常态"下党对人的能动性的自觉体认和马克思主义认识论的自觉运用,也体现了党对我国未来经济社会发展总体趋势全面的、科学的、理性的把握。

人的全面自由发展既是新常态的目标和价值指向,也是其出发点和落脚点。只有坚定不移地践行新发展理念,推进经济旧常态向经济新常态的转变,才符合人的解放发展的需要。离开了人的发展这一宗旨,谈论经济发展的新常态也就失去了本来的意义。历史是人民群众创造的,在从旧常态向新常态转化的条件下,人既是目的也是手段。新常态的出现并非一个自然而然的经济演进过程,而是人的积极活动的产物和能动创造的过程。在生产要素方面,新常态要求我国从传统低成本密集型劳动力比较优势向人力资本质量和技术创新优势转变,这就要求贯彻创新发展理念,充分发挥人力资本的作用,走创新发展的新路。旧常态累积下来的生态问题使我们今天面临着严峻的生态危机:水土流失严重,森林植被覆盖率低,草场退化,土地沙漠化,水土污染,空气污染等问题直接影响着人民的身心健康。积极构建生态文明建设体系,逐步改善生态环境质量,满足群众新期待,实现人与自然的永续发展,"绿色发展"理念即承载着这一历史使命。"协调发展"是我国在新常态下的战略选择,对于解决我国区域发展不平衡、城乡发展不协调、产业结构不合理、软硬实力增长不同步等问题,以平衡性发展、包容性发展、可持续发展来拓展

---

[1] 丰子义.经济发展新常态的人学审视[J].山东社会科学,2016(1):5-9.

未来发展空间、增强发展后劲,打牢全面建成小康社会的基础具有重要意义。2020年国内外错综复杂的发展环境给中国的发展带来"双重挑战":一是"黑天鹅事件"频繁发生,全球经济正进入一个多变的时期,发展需要面对不确定和复杂化的因素增多;同时,新冠肺炎疫情袭击全球更是加剧了这种不稳定的挑战。二是国内正处在转变发展方式、优化经济结构、转换增长动力的关口,如何使我国供给能力更好地满足广大人民日益增长、不断升级和个性化的物质文化和生态环境需要,从而实现社会主义生产目的,是我们在"新常态"条件下必须解决的问题。改革开放的经验告诉我们,封闭带来落后、开放带来发展,只有高水平开放才能带来高质量发展。只有践行"开放发展"理念,在变中求新、在新中求进,以持续开放之姿释放经济发展,人民日益增长的美好生活需要才能切实得到满足。实现发展成果由全体人民共享是中国共产党始终追求的目标,也是马克思主义发展观的内在要求。新常态下,我国还面临着居民收入不平等、区域资源配置不均衡、公共服务不完善、社会保障不健全等诸多挑战,共享发展理念的提出,使我国社会主义建设有了更为清晰的目标和方向,也为我国实现共享发展提供了强有力的政策基础和理论依据。

总之,长久以来,我国经济历经高速增长后沉淀的资源、环境、社会保障等诸多问题集中压缩并显现于"新常态"这一历史时段,如果说新常态是我国经济发展到现阶段必然出现的一种客观状态,那么新发展理念则是新常态下人的现实生存状态的理论映射。因为经济社会发展过程中暴露出的矛盾、问题和危机归根结底是人的发展危机,新发展理念提出的历史使命,就是要激发人的能动性和创造性,在对人的生存权和发展权的重新体认的过程中努力化解这一危机,确保人的全面自由发展的正确航向。

完整意义上的发展,不仅是以经济增长的程度来界定的,更为重要的是以发展的结果对人的发展的关系来确定的①。从历史唯物主义视角看,新常态是"以物的依赖性为基础的人的独立性"向"自由个性"过渡必然经历的阶段,针对中国经济的当代语境而提出来的新发展理念体现了由"物本"思维向"人本"思维的根本转向,它自觉承担起努力把"物"的独立性和个性转变为"人"的独立性和个性的历史使

---

① 丰子义.经济发展新常态的人学审视[J].山东社会科学,2016(1):5-9.

命,是"新常态"下人的现实生存状态的理论自觉,也是对马克思人的全面自由发展理论根本精神的继承和创新。

四、新发展理念展示了百年变局下人的主体担当

世界面临百年未有之大变局,我国发展仍处于并将长期处于重要战略机遇期,这是习近平总书记基于全球发展大势及中国外部发展环境做出的一个高度概括和客观研判。

深刻认识并理解"百年未有之大变局",这与具有上下五千年的灿烂历史和文化、占世界五分之一人口的超级大国能否顺利走上现代化强国之路息息相关,与近代以来饱经磨难的中华民族能否顺利实现伟大复兴的中国梦息息相关。

如何理解百年变局之"变"?"变"意味着矛盾各方的旧有平衡已经打破、新的平衡尚未建立,立破并举、涤旧生新。虽然和平与发展依然是时代主题,但随着政治多极化、经济全球化、社会信息化以及文化多样化等深入发展,国际环境日趋复杂,特别是新冠肺炎疫情全球大流行带来世界经济深度衰退,不稳定性不确定性明显增强,发展和安全面临诸多风险。在世界变局中,霸权主导、资本扩张、地缘竞争、零和博弈等旧有逻辑仍然在发挥作用,保护主义、单边主义愈演愈烈,多边主义和自由贸易受到冲击,和平赤字、治理赤字、发展赤字和信任赤字有增无减,不稳定、不确定因素和风险明显增加。挑战百年罕遇,机遇前所未有。总之,当前国际格局和国际体系正在发生着深刻的调整,全球治理体系正在发生着重大的变革,国际力量对比正在发生自近代以来最具革命性的变化,即世界经济重心正在加快从西方向东方转移;第四次科技革命和产业变革正在重塑世界;一些新兴市场国家和发展中国家的国际影响力正在持续扩大,国际力量对比日趋均衡;全球治理的话语权越来越向发展中国家位移,全球治理体系越来越向着更加公平、公正、合理的方向发展;世界文明多样性更加凸出,开放包容、多元互鉴成为世界各国交往的主基调,人类命运共同体理念得到越来越多国家、民族的认同。有学者甚至提出,从全球发展历史的视角看,自20世纪60年代开始,人类社会又进入了一个新轴心时代。这一"新轴心时代"主要表现在两个方面:首先,人们开始走出对西方模式的迷

恋,对人类社会发展模式重新展开多元化思考和探索;其次,世界上出现了推动新的国际体系或秩序形成的政治力量和经济力量①。

百年变局之未来发展趋势怎样?大变局的演进趋势,势必要代表人类文明发展的共同愿景和历史潮流,未来,国际社会对和平与发展的渴望将更加迫切,世界正在向一个新的格局和秩序演进。这一变局,是从单极主义、孤立主义和霸凌主义的零和博弈向协同化、多元化和民主化的多极模式的重大转变;是追寻现代化的发展道路由一元走向多元的重大转变;是从社会主义遭遇严重挫折向科学社会主义在21世纪再次焕发生机的重大转变。但是我们必须理性地意识到,世界格局的演变不是一蹴而就的,而是一个从量变到质变的渐进过程。当今世界,国际格局演变正处在由量变到质变的历史节点上,以美国为代表的霸凌主义对国际和平的挑战依然存在,以美国为代表的西方国家在科技、经济、军事等方面仍占据优势地位,中国在计算机、软件、新材料等领域与发达国家仍有一定差距,芯片、CPU(中央处理器)、集成电路等核心技术仍是短期内不易突破的瓶颈。资本主义制度仍然具有一定的生命力,资本主义与社会主义两种制度、两种道路的相互斗争将是漫长、持久和艰苦的。

面对世界百年难遇的时代变局和千载难逢的历史机遇,"在危机中育先机、于变局中开新局"是我国的必然选择。我们已经迎来了从站起来、富起来到强起来的伟大飞跃,"时"与"势"正逐渐从西方向东方位移,特别是近期疫情危机和经济危机中东、西方的对比尤为明显。虽然中美实力仍然有巨大差距,但天时、地利、人和已经被中国占据,而美国却越来越陷于孤立的地位。中国必须坚持自我,以新发展理念为发展行动的先导,加速推进改革开放,不断提高国际影响力和领导力。不能因为美国威胁与打压就改变自己既定的战略方针。我们必须发挥中华民族的主体性自觉和担当,善于转危为机,准确识变、科学应变、主动求变,在把握发展规律的同时增强机遇意识和风险意识,发扬斗争精神,抓住机遇,应对挑战,趋利避害,奋勇前进。抓住这百年机遇,中国就一定会迅速崛起。

在今天这个风云变幻的环境里,中国"世界稳定者"的地位和角色更加亮眼,中

---

① 郭长刚."新轴心时代"与全球治理体系变革[J].探索与争鸣,2020(3):9-11.

国的发展是世界的机遇。"这个世界,各国相互联系、相互依存的程度空前加深,人类生活在同一个地球村里,生活在历史和现实交汇的同一个时空里,越来越成为你中有我、我中有你的命运共同体。"①要和平,不要战争;要发展,不要停滞;要对话,不要对抗,已是大势所趋、人心所向。以新发展理念为战略引领、以人类命运共同体思维应对世界百年未有之大变局,是中华民族的智慧密码,中国愿意做维护世界和平稳定的中流砥柱、促进全球发展繁荣的重要力量。以"创新、协调、绿色、和谐、共享"为主要维度的新发展理念所集成的发展动力、发展思维、发展方式、发展方向和发展目标等新思维与以"持久和平、普遍安全、共同繁荣、开放包容、清洁美丽"为核心内容的人类命运共同体的构建有着极高的逻辑契合。以新发展理念的视野审视人类命运共同体的建构,可以看出创新发展是推动人类命运共同体的动力之源,协调发展是实现人类命运共同体的和谐之道,绿色发展是奠定人类命运共同体的生态之基,开放发展是引领人类命运共同体的未来导向,共享发展是人类命运共同体的价值旨归,进而为人类命运共同体的顺利推进提供了丰厚的理论指引和切实的实践指南。中国愿意与世界爱好和平的人民构筑友谊信任的桥梁,捍卫秩序规则的尊严,分享开放合作的机遇。为人民谋幸福,为民族谋复兴,为世界谋大同,这就是中国的大国担当。

第二节 新发展理念的精神特质

新发展理念是一种人本价值取向、人本思维方式,也是一种人本评价尺度。新发展理念就是为了引领国家和社会的良性发展,进而营造更加适合人民生存发展的环境,以促进人的思想和实践的全面进步。

一、新发展理念是一种人本价值取向

对一种理论的价值研究属于哲学的目的域范畴。马克思和恩格斯在成为共产

---

① 习近平.习近平谈治国理政(第一卷)[M].北京:外文出版社,2018(再版):272.

主义者之时,就开始了对人类社会发展规律的探索。他们在对资本主义社会进行冷静、客观的解剖的同时,从未忘记从价值的视角猛烈、无情地对资本主义制度的罪恶进行抨击,也从未放弃对未来美好社会的勾勒和描绘。与之前的传统哲学相比,马克思是通过对现实生活中的人的生存状况的否定和批判对当下社会进行真实建构的,"价值作为一种属人的、为人的存在现象,价值的秘密实际就是人的秘密,或者说根源于人自身的秘密,价值现象价值世界中的种种矛盾直接地表现着人的生活中的各种矛盾"①。可以说,马克思主义是一种价值哲学,一种关乎人类文明和时代精神的价值哲学,是一种从人出发、以人为本、旨在实现无产阶级和人类解放的人学,是一种以改变世界为手段,旨在最大化地实现人的价值、实现人的全面自由发展的价值哲学。正是以此为理论研究的精神路径,黑暗的中世纪曾被马克思说成是人类历史上的动物时期。

恩格斯在 1845 年完成的《英国工人阶级状况》一文中以大量的官方和非官方材料,指述了英国工人阶级难以忍受的生活状况和劳动条件,并明确指出这些现象是资产阶级的剥削和压迫造成的。马克思和恩格斯认为机器大工业已经把工人完全变成了简单的机器,这种人的非人状况被马克思形象地描述为"人的异化"。而无产阶级不仅是一个遭受苦难的阶级,也是能够自己解放自己的伟大阶级,其解放自身的动力正来源于努力摆脱被剥削、受压迫的地位,使自身成为真正的人的愿望。正如马克思恩格斯本人所指出的那样,革命并不是一种人为设计,而是因为"从封建社会的灭亡中产生出来的现代资产阶级社会并没有消灭阶级对立。它只是用新的阶级、新的压迫条件、新的斗争形式代替了旧的"②。

马克思认为未来共产主义的"按需分配"的价值意义在于:"共产主义的最重要的不同于一切反动的社会主义的原则之一就是下面这个以研究人的本性为基础的实际信念,即人们的头脑和智力的差别,根本不应引起胃和肉体需要的差别;由此可见,'按能力计报酬'这个以我们目前的制度为基础的不正确的原理应当——因为这个原理是仅就狭义的消费而言——变为'按需分配'这样一个原理,换句话说:

---

① 马俊峰.马克思主义价值理论研究[M].北京:北京师范大学出版社,2012:67.
② 马克思,恩格斯.马克思恩格斯选集(第1卷)[M].北京:人民出版社,2012:401.

活动上,劳动上的差别不会引起在占有和消费方面的任何不平等,任何特权。"[1]此外,马克思还对价值这一问题做过专门的论述,他认为:"'价值'这个普遍的概念是从人们对待满足他们需要的外界物的关系中产生的"[2];"是人们所利用的并表现了对人的需要的关系的物的属性"[3];"表示物的对人有用或使人愉快等等的属性。……使用价值表示物和人之间的自然关系,实际上是表示物为人而存在"[4]。马克思的价值哲学没有游离于人类社会实践之外,而是以历史视域下的人的感性活动的现实性为基点,其价值关系就在人类实践活动中展开,这不仅包括物对人的关系,还包括人与人之间的社会关系。马克思的价值哲学从人的"现实性"上完成了对传统形而上学等形形色色的价值哲学的颠覆,并通过"实践的观点"为人理解实现自我改变的超越性提供了一种新的现实路径。

"创新、协调、绿色、开放、共享"的新发展理念,继承了马克思主义价值哲学理论价值和实践价值有机统一的传统,既表现在自身对中国特色社会主义事业和对实现中国梦的价值引领上,又成为化中国特色社会主义理论为现实的中介。新发展理念的价值取向是"以人民为中心",着眼于要建立现代产业体系,坚定不移建设制造强国、质量强国、网络强国、数字中国,推进产业基础高级化、产业链现代化的发展实践。可以说,新发展理念是"人民至上"的理论价值和"引领高质量发展"的实践价值的统一,是"发展好的"与"好的发展"的统一。

从新发展理念的理论价值看,价值取向总是离不开特定的历史背景,以人民为中心的新发展理念正是马克思主义价值论和发展观在新时代中国特色社会主义实践过程中价值自觉的最新理论成果。"五大发展理念"彰显出人民的主体地位,体现了人民至上的价值取向。树立新发展理念,首先要解决"为什么人、由谁享有"这个根本问题。坚持以人民为中心的新发展理念,就是要"在任何时候都把群众利益放在第一位",在社会主义实践中就是要不断实现好、维护好、发展好最广大人民根本利益,其落脚点是人民是否得到实惠、人民的生活是否得到改善。习近平指出:

---

[1] 马克思,恩格斯.马克思恩格斯全集(第3卷)[M].北京:人民出版社,1960:637.
[2] 马克思,恩格斯.马克思恩格斯全集(第19卷)[M].北京:人民出版社,1963:406.
[3] 马克思,恩格斯.马克思恩格斯全集(第26卷)[M].北京:人民出版社,1974:138.
[4] 马克思,恩格斯.马克思恩格斯全集(第26卷)[M].北京:人民出版社,1974:326.

"要坚持人民主体地位,顺应人民群众对美好生活的向往,不断实现好、维护好、发展好最广大人民根本利益,做到发展为了人民、发展依靠人民、发展成果由人民共享。"①二战后,以"物的积累"为重心的发展理念的诸多弊端在欧美等西方发达国家的发展实践中逐渐显现,新发展理念在继承了科学发展观"以人为本"的核心理念基础上,进一步纠偏了"物的积累"的发展理念的弊端,以消除我国经济社会发展过程中的不平衡、不协调等问题,增进人民福祉,实现人民对美好生活的向往为发展的初级目标,以不断促进人的全面自由发展为终极目标。

从新发展理念的实践价值看,新发展理念是引领我国高质量发展的理论先导,为破解我国现阶段存在的发展问题指明了方向和路径。针对发展动力问题,党中央提出了创新发展理念,落实创新发展理念,提升发展质量效益,是建设现代化强国的必由之路;针对发展不平衡问题,党中央提出了协调发展理念,落实协调发展理念,是优化我国发展结构、实现发展均衡性的必由之路;针对人与自然的矛盾和对立,党中央提出了绿色发展理念,只有落实绿色发展理念,实现发展的可持续性,美丽中国这一建设目标才能实现;针对内外联动问题,党中央提出了开放发展理念,只有落实开放发展理念,构建以国内大循环为主体、国内国际双循环相互促进的新发展格局,才能为实现合作共赢提供必要保障;针对社会公平正义问题,我们提出了共享发展理念,只有坚持共享发展理念,才能激发人民推动经济社会发展的主体性,实现个人的发展和全体人民的共同富裕。

二、新发展理念是一种人本思维方式

马克思向来重视对思维方式的研究。恩格斯曾指出,"要思维就得有思维规定"②,"对思维形式、思维规定的研究,是非常值得做的和必要的,而且自亚里士多德以来只有黑格尔系统地从事过"③。

发展理念从本质上说是一个哲学问题,具体一点,是一个关于哲学思维方式的

---

① 习近平关于"不忘初心、牢记使命"论述摘编[M].北京:中央文献出版社,2019:136.
② 马克思,恩格斯.马克思恩格斯选集(第4卷)[M].北京:人民出版社,1995:308.
③ 马克思,恩格斯.马克思恩格斯选集(第4卷)[M].北京:人民出版社,1995:332.

变革问题。思维方式是一种理念的筋骨和隐形逻辑支撑,是理念能够顺利转化为实践的桥梁。怎样理解思维方式的内涵?有学者提出:从认识论的意义看,思维方式就是人的认识定势和认识运行模式的总和。认识定势是指认识活动开始前的一种认识态势,即主体先存的意识形态,如思维的功能结构、认识图式、认识的心灵状态等。认识运行模式指认识运行中的方法、逻辑、线路、公式等。认识定势和认识运行模式紧密相连,也可以说,认识定势中已包含着、隐藏着认识运行模式,认识运行模式是认识定势的显现和展开①。思维方式属于社会意识的一种形式,不同时代在生产方式、科学技术发展水平等方面的差异,决定了不同时代的人们思维方式也有很大的不同。正如恩格斯所言:"历史从哪里开始,思想进程也应当从哪里开始,而思想进程的进一步发展不过是历史过程在抽象的、理论上前后一贯的形式上的反映;这种反映是经过修正的,然而是按照现实的历史过程本身的规律修正的。"②可以说,任何一种思维方式的产生、发展和变革都带有鲜明的时代烙印,因此思维方式具有鲜明的社会历史性特征,是思维逻辑和历史逻辑的统一。

  人们仅掌握了一种理论,实际上并不能用它来直接改造世界,理论要想真正发挥其改造世界的功能,相关理论的原则、方法和灵魂只有转化为一定的思维方式,并运用这一思维方式去理解和把握客观世界,也就是说,理论从"自在之物"转化成"为我之物"后才能真正指导人们的现实实践,进而达到改造世界的目的。马克思主义传入中国后,很长一段时期,中国的部分知识分子虽然已经对其熟知到倒背如流的程度,但并没有立即成为指导中国革命事业取得胜利的锐利武器,马克思主义只有扎根于中国革命的现实实践并与中国的具体国情相结合之后,才逐渐演变成为一套理论定型化的、适合中国革命实践的思维模式,并最终在中国的新民主主义革命、社会主义革命和建设实践中发挥定海神针的作用,并引领中国走向一个又一个胜利。

  发展观是人们关于发展的目的、本质、内涵和要求等的总的看法和根本观点,发展观的思维方式是由关于发展的世界观、方法论以及一定的知识结构等基本要

---

① 陈中立,杨楹,林振义,等.思维方式与社会发展[M].北京:社会科学文献出版社,2001:267-268.
② 马克思,恩格斯.马克思恩格斯选集(第2卷)[M].北京:人民出版社,1995:43.

素有机集成的思维方法系统。社会发展观的变革从本质上看是一种思维方式的变革。由一定的社会发展观所引领的社会经济层面、制度层面等领域的变革说到底其实是人的自身观念的变革。回顾新中国走过的艰辛历程,几乎每一种发展观的形成都伴随着思维方式的痛苦蜕变,这一过程,既受到中国人民投身于中国特色社会主义实践力量的强劲推动,同时,由于思维方式的相对独立性,其蜕变本身也有力地、积极地反作用于中国特色社会主义伟大事业。

马克思主义是一个恢宏的理论大厦,其思维方式归根结底就是一句话:为人类求解放。新发展理念作为引领社会主义实践的最新发展观,其思维方式是马克思主义的辩证思维、历史思维与新时代中国特色社会主义实践有机结合的最新形态,是新发展理念的本质和灵魂,也是新发展理念的核心思维方式。在"以人民为中心"的思维层面上,新发展理念完成了从物本思维向人本思维的彻底转变,从"民"到"人"的具体而微,由"普遍的人""共同的人"到"具体的人"的重心转化,从"以人为本"的范式构想到"让老百姓过上好日子"的具体落实。

要使"以人民为中心"的新发展理念得到有效的贯彻落实,必须从思维方式变革入手,以人本的思维方式引领社会发展,切实解决好关乎人民解放和发展的诸多重大问题。

首先,必须以"以人民为中心"这一核心思维为统摄,实现从片面思维方式向整体思维方式的转变。整体思维即着眼于发展五个维度的统筹兼顾、整体协调:坚持创新驱动战略来激发人民群众"大众创业、万众创新"的主体性,使发展质量和效益得到切实提高;通过协调发展形成"五位一体"相互促进、相互推动的社会发展形态,使"共同富裕"这一社会主义本质得到彰显;坚持绿色发展以改善人民赖以生存的生态环境;通过开放发展以在合作共赢的基础上更好地满足人民日益增长的多元物质需要;坚持共享发展,确保公平正义的社会主义本质和方向,以增进人民福祉。五大发展理念以系统的眼光看待发展,并把系统的整体性纳入其方法论视域,强调通过创新驱动战略提高发展质量和效益,通过协调发展形成"五位一体"相互促进、相互推动的社会发展形态,坚持绿色发展以改善生态环境,坚持开放发展以实现合作共赢,坚持共享发展以增进人民福祉。可以说,着眼于系统各要素的整体协调是五大发展理念的基本出发点。

其次，必须以"以人民为中心"这一核心思维为统摄，实现从孤立思维方式向联系思维方式的转变。新发展理念认为发展的五个维度相互渗透、有机统一于人的发展。比如，协调发展作为新发展理念的一个维度，就是以渗透性要素的形式渗透于创新、开放、绿色、共享等其他四个理念中，彼此相互作用、辩证统一。创新作为引领发展的第一动力，只有在协调发展中才能得以实现。开放则是在以国内大循环为主体、国内国际双循环相互促进的协调发展中的开放。人与自然的协调问题是绿色发展理念关注的重心，实现绿色发展的关键在于协调。协调发展的出发点和落脚点是共享。只有实现人与自然、人与社会、人与人的相互协调，共享发展才能真正实现。总之，只有深入领会新发展理念五个维度的关联性和耦合性，才能在经济社会发展实践中促成五个维度"整体大于部分之和"的效应，才能不断实现"人民对美好生活的向往"的阶段性目标。

三、新发展理念是一种人本评价尺度

人类社会提出的第一个人本主义命题是古希腊哲学家普罗泰戈拉的"人是万物的尺度"。这一命题在柏拉图对话《泰阿泰德篇》中最早出现："人是万物的尺度，存在时万物存在，不存在时万物不存在。"[①]普罗泰戈拉特别强调的是，能够作为万物尺度的是人独有的、与动物相区分的感性和理性。人作为万物的尺度，不仅在于人规定了事物本身是什么，而且也在于人是怎样对事物做出规定的。怎样规定以及规定的方式直接作用并决定了规定的结果，甚至决定了作为对象的事物是否是存在者，因为人是作为对象的事物是否存在的唯一判定者。

普罗泰戈拉的"人是万物的尺度"关注的是人与物之间的价值关系，即人是世界的规定者，人以价值尺度为基本存在方式来理解、判断和把握外界事物，它实际上指出了这一"尺度"的相对性，即任何事物的意义、价值和功能都是相对于"人"而言的，事物呈现与人的方式虽然千差万别，但不管以何种方式呈现，终究要归结于

---

① 北京大学哲学系外国哲学史教研室.古希腊罗马哲学[M].北京:生活·读书·新知三联书店,1957:138.

人对物个体化的感受,也就是说事物是在与人的自我感觉的联系和相互作用中显现出来的,这同样是人的价值取向由一元走向多元的一个开端。正如普罗泰戈拉所描述的:"风对于觉得冷的人来说是冷的,对于不觉得冷的人来说是不冷的。"[1]并进一步提出:"冷和热并不是什么存在着的东西,而只是根据对一个主体的关系而定;如果风本身是冷的,则它必须永远对主体产生冷的效果。"[2]虽然普罗泰戈拉对人的理解仍处于感性观念向概念范畴转变的过渡阶段,在蕴含了某些分离意向的同时,仍具有笼统的模糊性特征。而且不可否认的是,"人是万物的尺度"也潜存着主观主义和唯我论,感觉主义和极端个人主义,怀疑主义和不可知论若干消极因素[3]。但是,"人是万物的尺度"这一命题的提出,代表了哲学从关心宇宙、自然向关心人的一个转向,是人对个性解放及自由追求的第一次呐喊,也是马克思人本理论的渊源和起点。

文艺复兴时期,人性和人的价值被西方人文主义者再次发掘并大力弘扬,人道主义成为评判人类社会历史的尺度,以抽象的人性作为评判人类社会历史发展的尺度,卢梭即为其中的一个典型。从人性论角度看,卢梭始终坚持着理想主义的态度,认为自由善良是人的本性,但在其代表作品《社会契约论》的开篇,卢梭就敏锐地指出,"人是生而自由的,但却无往不在枷锁中"[4]。在现代社会生活中人之所以无法获得绝对的自由,是因为现代人时时面临着灵魂与肉体的分裂和冲突,因为"良心是灵魂的声音,欲念是肉体的声音。这两种声音往往是互相矛盾的"[5]。卢梭认为,人类在自然状态下生活得率真淳朴,科学技术的出现非但没有拯救人类而是摧毁了人类,人的自然本性被遮蔽,人类变得腐化堕落,可以说,文明的进步使人类在失去快乐的同时也丧失了德行。因此,卢梭竭力反对科学文化进步,"出自造物主之手的东西,都是好的,而一到了人手里,就全变坏了"[6]。可见,卢梭认为人的本性、人的价值高于一切,但没有正视人的肉体存在和人的社会生活,人作为价

---

[1] 苗力田.古希腊哲学[M].北京:中国人民大学出版社,1989:183.
[2] 黑格尔.哲学史讲演录(第2卷)[M].贺麟,王太庆,译.北京:商务印书馆,1983:29.
[3] 潘树国.论普罗泰戈拉"人是万物的尺度"[J].郑州轻工业学院学报(社会科学版),2014,15(2):53-56.
[4] 卢梭.社会契约论[M].李平沤,译.北京:商务印书馆,1980:8.
[5] 卢梭.爱弥儿(下卷)[M].北京:商务印书馆,1978:411.
[6] 卢梭.爱弥儿(上卷)[M].北京:商务印书馆,1978:5.

值尺度成为衡量一切社会历史现象的唯一标准,其人性论充满了抽象的、形而上的色彩。马克思在其思想体系形成的过程中,曾对抽象人道主义进行过多次猛烈的批评。

马克思认为世界上根本不存在抽象不变的人性和公平、正义、平等等法权观念,其内容都是相对而言、不断变化的,而变化的依据正是这些观念用以考量的社会历史本身。考察人类社会的发展不但要讨论发展的目的性和人的本性、价值,也要探讨发展的规律性,即怎样才能实现这些价值和本性,这样,马克思就避免了理想仅作为不切实际的空谈停留在脑海阶段,而是深入人的现实生活中,这就在理想和现实中架构起了一座联通的桥梁。马克思认为,生产力尺度和人的发展尺度是评判社会进步与否的两个基本尺度,两者既相互联系又相互区别,两者有机统一于人类社会发展实践。

首先,生产力发展是社会进步评价的根本尺度。生产力尺度是一种历史尺度、科学尺度和客观尺度,因为人的自由全面发展的物质前提和现实基础是生产力的发展,因为人的发展归根结底是由生产力发展促进的。有学者认为,所谓生产力尺度,通常是指"着眼于社会历史发展的客观规律、以能否有利于促进社会生产力的发展和社会文明水平的提高为标尺,对社会发展所作出的评价"[①]。其次,人的发展是社会进步评价的价值尺度。马克思虽然强调生产力的作用,但并没有把生产力作为衡量社会进步的唯一尺度。人既是历史的剧作者,也是历史的剧中人;既是历史的前提,也是历史的结果;人既是目的,也是手段。因此,人的发展是一种内在尺度或主体尺度。所谓价值尺度,主要是"着眼于社会发展现实对于人的存在和发展的意义,以一定的道德准则和主体性原则为标尺,对社会发展作出的评价"[②]。

"生产力尺度"与"人的发展尺度"之间既有区别又有联系。从区别看,两个尺度的侧重点不同。"生产力尺度"侧重于客观外在物质指标的考量,而"人的发展尺度"则更侧重于主观内在价值的权衡。从联系看,生产力发展为人的全面自由发展

---

① 丰子义.发展的反思与探索——马克思社会发展理论的当代阐释[M].北京:中国人民大学出版社,2006:190.
② 马克思.德意志意识形态(节选本)[M].北京:人民出版社,2003:190.

提供了物质前提和现实基础,生产力发展终究要促进人的解放和发展;人的发展则是生产力发展的终极目标和不竭动力,人的发展为生产力发展提供了必要条件,二者统一于人类社会发展的现实实践。如果说"生产力尺度"是最根本的尺度,那么"人的发展尺度"则是更高标准的尺度。我们在对社会发展进行评价时,应坚持历史尺度与价值尺度的辩证统一。

需要说明的是,由于社会历史发展阶段的不同,评价社会发展的两把尺度并非等时、等量运用,某一个历史阶段偏重于用使用哪个尺度,主要取决于这一历史阶段社会发展的客观状况和水平。新中国成立以后,尤其是改革开放后较长的一段历史时段,立足于当时的国内外形势,我们一直以经济增长,特别是GDP的增长速度作为衡量社会进步的主要标准。以邓小平为核心的党的领导集体创造性地提出了"三个有利于"标准,但毫无疑问,生产力标准仍是当时最为重要的尺度。然而,随着我国经济的高速增长,人民的幸福感、获得感、安全感并没有实现同步同频提升,甚至还一度陷入被弱化、被边缘化的尴尬境地。"生产力尺度"与"人的发展尺度"运用的失衡,要求我们必须对既往的发展模式进行纠偏和矫正,把"人的发展尺度"纳入发展的全过程中,依靠人民解决经济发展动力不足、结构不合理的问题,推动发展质量由人民评价、发展成果由人民共享。

在"生产力尺度"向"人的发展尺度"位移的过程中,"以人为本"的科学发展观的提出,即表明人的发展尺度的重要价值开始凸显。今天,"以人民为中心"的新发展理念已经深入人心,党的一切工作必须以最广大人民的根本利益为出发点,将"人民拥护不拥护、赞成不赞成、高兴不高兴、答应不答应"作为衡量一切工作成效的根本标准。也就是说,人民是我们各项工作成败得失的最终评判者,发展的成效最终要由人民来评判。2015年习总书记在中央全面深化改革领导小组第十次会议上第一次提出要把改革方案的含金量充分展示出来,让人民群众有更多获得感。在2016年召开的中央全面深化改革领导小组第二十一次会议上,总书记又明确提出要把是否促进经济社会发展、是否给人民群众带来实实在在的获得感,作为改革成效的评价标准。在2016年召开的中央全面深化改革领导小组第三十次会议上,总书记进一步指出,要总结经验、完善思路、突出重点,提高改革整体效能,扩大改革受益面，发挥好改革先导性作用，多推有利于增添经济发展动力的改革，多推有利于促进社会公平正义的改革，多推有利于增强人民群众获得感的改革，多推有利于调动广大干部群众积极性的改革。可见，只有把维护和增进人民福祉作为检验发展成效的基本尺度，才能为我国的高质量发展提供源源不断的动力。

第三章

创新发展理念的人本意蕴及意义指向

从创新发展理念的历史生成、时代之问、人本内涵和实践路向来看,创新发展理念的关键在于从物转向人。没有这个转向,就不可能有真正的创新。创新发展主要包括三个方面的内容,即理论创新、制度创新和科技创新。限于篇幅,本书仅以"科技创新"这一创新发展的主要内容为分析对象。

第一节 创新发展理念的历史生成

创新发展理念汲取了东方的创新思想智慧,继承了马克思主义经典作家的创新发展思想,并在时代洪流中不断汲取正能量与时俱进,体现了党和人民群众对创新发展的积极态度与深沉追求,是实现中华民族伟大复兴中国梦的动力之源。

一、思想溯源:创新发展思想的东方智慧

中国古代有无创新思想? 这是经常遭到质疑和否认的一个问题。一直以来,理论界多认为中国古代的一些科学技术均体现出较强的实用性,创新精神缺乏。如"近代科学为什么未能在中国产生"的李约瑟难题,在中国的学界议论已久;"为什么我们的学校总是培养不出杰出的人才"这一著名的钱学森之问也成为中国学界认为中国缺乏创新思想的一个有力佐证。反观世界古代科学技术史,中国科学

技术成果灿若星河,且技术成就遥遥领先于世界。作为四大文明古国的中国在人类文明史上曾经是理所当然的科技文化中心,科技成就不仅造福中国人民,而且随着世界文化的交流而传入西方,有力地推进了西方文明的历史进程。虽然明代以后的近代中国,由于封建统治者闭关锁国、夜郎自大,同世界科技发展潮流渐行渐远,屡次错失富民强国的历史机遇,但是,这并不能否认中国古代的创新思想。那么中国古代是不是只有科学技术而无科技创新思想?我们不妨从文献典籍中去寻找答案。

实际上,创新及其相关词汇被长久地湮没于汗牛充栋的古典文献中,创新精神及其价值也若隐若现地徘徊于中国五千年的文明长河中。创新思想虽未被明确提出,但并非意味着我国古代没有创新思想。相反,我国古代的创新思想在潜移默化地左右着中华文明的进程。早在3000年前,《诗经·大雅·文王》中就有:"文王在上,于昭于天。周虽旧邦,其命维新。"《大学》中记载:"汤之《盘铭》曰:'苟日新,日日新,又日新。'"意为如果能够一天新,就应保持天天新,新了还要更新,强调要及时反省和不断创新。

中国古代先哲特别重视方法论的创新。如《论语·述而》:"不愤不启,不悱不发。举一隅不以三隅反,则不复也。"强调对学生"举一反三"这一创新方法的培养。孟子提出:"君子深造之以道,欲其自得之也。自得之则居之安,居之安则资深,资之深则取之左右逢其原(源)。故君子欲其自得之也。"(《孟子·离娄下》)强调独立思考、不人云亦云的重要性。他还提出"尽信《书》,则不如无书",提倡大胆质疑的精神,认为要勇于抛弃旧思想旧事物、创立新思想新事物。东汉时期王充反对"即徒诵读,读诗讽术,虽千篇以上,鹦鹉能言"之类的"通人",指出"凡贵通者,贵其能用之也",主张创新和创造。

《老子》还多处表达创新精神中循序渐进、锲而不舍的可贵品质的思想,如"图难于其易,为大于其细。天下难事必作于易,天下大事必作于细""为之于未有,治之于未乱",认为解决困难必须先从容易的地方着手;完成大的事业,一定要从微细的小事做起。创新过程中的逆向思维是一种能够从反方向提出问题、分析问题、解决问题的思维方法。比如《老子》中的"柔弱胜刚强""谦下不争"的逆向思维方法,今天仍给我们带来无限启示。

总之,中国古代创新思想不应该被忽略甚至埋没。在我们建设创新型国家的今天,在运用国际上通用的创新方法的同时,重视并灵活运用根植于中国五千年文化的、具有中国智慧的创新思想,是我们走上自主创新之路的关键所在。

二、理论之基:马克思主义经典作家的创新发展思想

尽管马克思的许多著作中并没有直接出现"创新"这一词汇,但创新思想却散见于其著作之中。这里可以用西方公认的创新学鼻祖熊彼特的言论作为佐证。熊彼特曾明确提出:"从这种看来无足轻重的源泉,产生了——正如我们将要看到的——经济过程的一个新概念,它会克服一系列的根本困难,并从而证明我们在正文中对这一问题的陈述是正确的。这个问题的新陈述同马克思的陈述更加接近。因为根据马克思,有一种内部的经济发展,而不只是经济生活要与变化着的情况相适应。但是我的结构只包括他的研究领域的一小部分。"①这里的"新概念"即意指创新。

起始于18世纪的第一次科技革命彻底改变了工业生产的面貌,推动着资本主义生产力的巨大发展。"任何一门理论科学中的每一个新发现——它的实际应用也许还根本无法预见——都使马克思感到衷心喜悦,但是当有了立即会对工业、对一般历史发展产生革命影响的发现的时候,他的喜悦就非同寻常了。"②在这一背景下,马克思意识到了科技创新对驱动生产力发展的作用:"机器生产的原则是把生产过程分解为各个组成阶段,并且应用力学、化学等等,总之,应用自然科学来解决由此产生的问题,这个原则到处都起着决定性的作用。"③他甚至提出:"随着大工业的发展,现实财富的创造较少地取决于劳动时间和已耗费的劳动量,较多地取决于在劳动时间内所运用的动因的力量,而这种动因自身——它们的巨大效率——又和生产它们所花费的直接劳动时间不成比例,相反地却取决于一般的科学水平和技术进步,或者说取决于科学在生产上的应用。"④

---

① 熊彼特.经济发展理论[M].北京:商务印书馆,2000:68.
② 中共中央党校.马列著作选读(哲学)讲解[M].北京:中共中央党校出版社,1988:288.
③ 马克思.资本论[M].北京:人民出版社,2004:531.
④ 马克思,恩格斯.马克思恩格斯全集(第46卷)(下)[M].北京:人民出版社,1980:217.

马克思清醒地意识到科技创新对生产成本直接的影响,在对当地一家工厂更新机器与雇佣工人人数的比率进行了实践调查后,马克思指出,"1840年10月,他的公司雇用600个工人……1852年10月,他只雇用350个工人……但是在这两个年度里,运转的机器数相等(极少例外),并且支付的工资额也相等"①。依靠提升生产工具科技含量、劳动者技能、扩大劳动对象等就可以节约生产费用,这是生产力发展的又一重要体现。

当然,创新的主体是人。马克思认为,"创造是一个很难从人民意识中排除的观念"②。列宁也提出,"个人的社会活动,即社会事实"③,认为个人主体的存在方式和活动以外,集体主体、社会主体和人类主体都应包含在创新主体的范畴之内。

总之,通过分析马克思的创新思想,我们可以得出这样的结论:在创新作用远远没有像今天这样重要的时代,马克思却能够对创新给予如此高度的重视,以至于完全高居于他的时代之上,可以说,马克思不愧是创新理论的鼻祖。

三、历史传承:中国共产党历代领导集体的创新发展思想

以毛泽东、邓小平、江泽民、胡锦涛、习近平同志为核心的党中央,在马克思主义创新发展思想的引领下,秉承马克思主义的创新精神实质,把马克思主义的普遍真理创造性地与中国革命和建设实际相结合,进一步从理论和实践两个层面丰富和发展了马克思主义创新思想。

毛泽东虽然没有明确提出"创新"这一概念,也没有使用过"科技创新"这样的表达,但他的创新思想却十分丰富,是我们党创新思想马克思主义中国化的活水源头。因为缔造新中国、建设社会主义国家本身就是毛泽东带领中国人民所从事的前无古人的事业,要想取得胜利,唯有创新。正如毛泽东所说的:"特别像中国这样大的国家,应该'标新立异'。"④新中国成立以后,毛泽东深知要想使国家尽快摆脱积贫积弱的状态,让人民过上好日子,借助"创新"这一手段是最为高效的路径。毛

---

① 马克思,恩格斯.马克思恩格斯全集(第25卷)[M].北京:人民出版社,1974:115.
② 马克思,恩格斯.马克思恩格斯文集(第1卷)[M].北京:人民出版社,2009:19.
③ 列宁全集(第1卷)[M].北京:人民出版社,1984:367.
④ 毛泽东著作选读(下册)[M].北京:人民出版社,1986:750.

泽东探索社会主义事业的创新思想主要集中在《论十大关系》《关于正确处理人民内部矛盾的问题》两篇文章中。1956年的中共"八大",更是以无畏的创新精神,提出并初步解决了我国社会主义建设中的若干重大问题,为后来的中国特色社会主义建设道路的探索提供了基本坐标。1956年,党中央向全国人民发出了"向科学进军"的号召。从一定意义上讲,毛泽东在开辟马克思主义中国化道路之初就同时把创新思想贯注其中。

可以说,创新思想是毛泽东思想体系中一颗闪耀的星星,它必将在中华民族的历史进程中长期发挥作用、产生影响,正如邓小平评价的:"毛主席最伟大的功绩是把马列主义的原理同中国革命的实际结合起来,指出了中国夺取革命胜利的道路。""他创造性地把马列主义运用到中国革命的各个方面,包括哲学、政治、军事、文艺和其他领域,都有创造性的见解。"①

20世纪70年代以后,科技创新浪潮席卷全球,建设社会主义现代化国家成为紧迫任务。在这一背景下,邓小平指出:"四个现代化,关键是科学技术的现代化。没有现代科学技术,就不可能建设现代农业、现代工业、现代国防。没有科学技术的高速度发展,也就不可能有国民经济的高速度发展。"②1992年,邓小平在南巡讲话中指出:"近一二十年来,世界科学技术发展得多快啊!高科技领域的一个突破,带动一批产业的发展。我们自己这几年,离开科学技术能增长得这么快吗?"③邓小平提倡以高科技的创新来带动产业的发展。邓小平特别重视人才的作用,他指出:"科学研究机构的基本任务是出成果出人才,要出又多又好的科学技术成果,出又红又专的科学技术人才。"④总之,邓小平的科技创新思想开启了我国重视科技创新的新时代。"科学技术是第一生产力"由此成为我国经济社会发展的指导思想。

党的十三届四中全会以后,江泽民针对中国经济持续发展的新情况,坚持解放思想、实事求是、与时俱进,提出了具有鲜明时代特色的创新思想。在1995年5月

---

① 邓小平.邓小平文选(第2卷)[M].北京:人民出版社,1994:344.
② 邓小平.邓小平文选(第2卷)[M].北京:人民出版社,1994:85.
③ 张锡龄,孙学琛,任志英,等.邓小平科技思想研究[M].沈阳:辽宁人民出版社,1992:279.
④ 邓小平.邓小平文选(第2卷)[M].北京:人民出版社,1994:97.

的全国科学技术大会上,江泽民站在新的理论高度做出了"创新是一个民族进步的灵魂,是一个国家兴旺发达的不竭动力"①的科学论断。在 2000 年 6 月的西北地区党建工作和西部开发座谈会上,江泽民首次明确指出"创新,包括理论创新、体制创新、科技创新及其他创新"②。江泽民对于人才问题思考得十分深入,他多次强调:"创新的关键在人才。"③

21 世纪以来,世界全球性科技革命蓬勃发展,新的科学发现、新的技术突破以及技术创新不断涌现,科技创新的竞争越演越烈。在 2006 年新世纪全国科学技术大学上,胡锦涛第一次提出了建设创新型国家的重大战略任务,把科技创新提高到国家战略层面。他强调:"要把提高自主创新能力摆在全部科技工作的首位,在若干重要领域掌握一批核心技术,拥有一批自主知识产权,造就一批具有国际竞争力的企业,大幅度提高国家竞争力。"④胡锦涛创新性地发展了马克思主义科技思想,把科技创新提升到我国今后科技及其他工作总方针的高度,具有重要实践价值和理论意义。

第二节 创新发展理念的时代之问

时代孕育并催生出符合时代特征的理论。创新发展理念破解了社会主义新时代发展动力之问、主要矛盾之问和发展格局之问,为人的未来发展道路披荆斩棘。

一、破解发展动力之问:引领发展的第一动力

党的十八大以来,以习近平同志为核心的党中央毫不动摇地坚持和发展中国特色社会主义,从实现"两个一百年"奋斗目标及实现中华民族伟大复兴中国梦的战略高度出发,从国家发展全局的核心地位来解读创新发展,围绕实施"创新驱动

---

① 江泽民.江泽民文选(第 1 卷)[M].北京:人民出版社,2006:265.
② 江泽民.江泽民文选(第 3 卷)[M].北京:人民出版社,2006:64.
③ 江泽民.江泽民文选(第 2 卷)[M].北京:人民出版社,2006.392.
④ 胡锦涛.坚持走中国特色自主创新道路 为建设创新型国家而努力奋斗——在全国科学技术大会上的讲话[M].北京:人民出版社,2006:1.

发展战略"和加快推进以科技创新为核心的全面创新,提出了一系列新理念新思想新战略。党的十八届五中全会把"创新"摆在新发展理念的首位,正式提出"创新是引领发展的第一动力"①。这是对"科学技术是第一生产力"重要思想的创造性发展,也是马克思主义关于创新理论的最新成果。这一重要论断,强调要"让创新贯穿党和国家一切工作,让创新在全社会蔚然成风"②。2020年10月,党的十九届五中全会审议通过的"十四五"规划建议提出:"坚持创新在我国现代化建设全局中的核心地位,把科技自立自强作为国家发展的战略支撑……深入实施……创新驱动发展战略。"在2035年基本实现社会主义现代化远景目标中提出:"关键核心技术实现重大突破,进入创新型国家前列。"可以说"创新"已然成为贯穿我国"十四五"规划的一条主线。

创新为什么能够成为引领我国发展的第一动力?因为社会主义生产力基础的逻辑起点是科学技术,创新发展战略的逻辑起点是科技创新,二者是完全契合的③。

创新发展决定了经济社会发展的速度、规模、结构、质量和效益,是关涉到上层建筑与经济基础、生产关系与生产力的全方位、全系统、全要素的根本变革,势必影响我国未来的发展思路、发展方向和发展面貌。

回顾人类文明发展的历史,毫无疑问,创新尤其是科技创新在世界经济中心的数次迁移中起到决定性作用。当前,从外部环境看,世界正经历百年未有之大变局,我国发展的外部环境条件十分复杂;从国内发展看,我国已经转入高质量发展阶段,但发展不平衡不充分问题非常突出,发展中的矛盾和问题集中体现在发展质量上。唯有把创新作为引领发展的第一动力,才能从根本上解决我国发展动力不足、发展方式粗放、产业层次偏低、资源环境约束趋紧等问题,才能从根本上解决我国发展不平衡、不协调、不可持续等问题,才能紧扣世界创新发展脉搏,顺应世界创新发展大势,引领世界创新发展潮流。

---

① 中共中央文献研究室.习近平关于科技创新论述摘编[M].北京:中央文献出版社,2016:1.
② 中共中央文献研究室.习近平关于科技创新论述摘编[M].北京:中央文献出版社,2016:9.
③ 蒋丽.从"第一生产力"到"第一动力":论社会主义生产力基础与创新发展战略的逻辑起点契合[J].广西社会科学,2018(9):28-33.

二、破解主要矛盾之问:满足人民对美好生活的向往

习近平总书记在党的十九大报告中指出,"经过长期努力,中国特色社会主义进入了新时代,这是我国发展新的历史方位。""中国特色社会主义进入新时代,我国社会主要矛盾已经转化为人民日益增长的美好生活需要和不平衡不充分的发展之间的矛盾。"①如何科学认识社会主义新时代条件下的社会主要矛盾?怎样正确处理新时代社会的主要矛盾?这是我们必须正视和回答的时代之问。唯物辩证法的矛盾论告诉我们,在社会主义新时代的一系列矛盾中,只要抓住了"人民日益增长的美好生活需要与不平衡不充分的发展"这一社会主要矛盾,就抓住了问题的关键;只要确定了新时代社会主要矛盾的主要方面是"不平衡不充分的发展"就能找到解决社会主要矛盾的科学途径。

改革开放40多年,我国成功地解决了十几亿人的温饱问题,基本完成了全面建成小康社会这一历史任务,目前已跻身于全球第二大经济体。但与此同时,人民对美好生活的需求更加迫切和广泛,在对物质文化生活领域提出了更高层次要求的同时,在民主、法治、公平、正义、安全、环境等方面的要求也不断增长。但是,当下更为突出的问题是发展不平衡不充分,"突出表现在区域、城乡、经济和社会、物质文明和精神文明、经济建设和国防建设等关系上"②,而创新发展是突破不平衡不充分发展的瓶颈束缚,满足人民日益增长的美好生活需要,是解决新时代社会主要矛盾的唯一路径。

科技创新将打造全新的生活方式。信息化时代的基础设施将使生活变得更为方便快捷,这将有效提升人民群众的生活质量。科技创新将促进教育资源的共享。优质教育的覆盖面不断扩大,"互联网+"教育模式借助于信息信技术将优质教育资源输送到资源稀缺地区,为人们的学习提供多元化、个性化的学习,教育公平得以实现。科技创新将带来医疗卫生事业的进步。以人工智能、大数据、云计算等新

---

① 习近平.决胜全面建成小康社会 夺取新时代中国特色社会主义伟大胜利——在中国共产党第十九次全国代表大会上的报告[N].人民日报,2017-10-28(1).

② 中共中央文献研究室.习近平关于社会主义经济建设论述摘编[M].北京:中央文献出版社,2017:22.

兴技术为依托,卫生管理部门、医疗机构、医务人员、社区保健机构与市民之间的互动将成为现实,在"以人民为中心"的医疗卫生服务理念指导下,覆盖国民健康全生命周期的医疗服务和公共卫生服务体系将日趋完善。总之,创新发展将不断增进民生福祉,满足十四亿人民对美好生活的向往。

三、破解发展格局之问:创新是形成新发展格局的关键

改革开放40多年以来,得益于相对稳定的外部国际环境,我们抓住了全球产业转移的发展机遇,参与了全球价值链的分工。面对广阔的国际市场,我们大力发展出口导向型经济,在向国际市场提供价廉物美的产品、成为国际贸易中举足轻重大国的同时,人民群众的收入也迅速增加,消费水平不断提升。但是,由于大部分技术来自国外,这一阶段科技与产业的结合并不紧密,因此,国内企业自主创新能力并不强,品牌创造能力较弱。

自2008年金融危机以来,国际政治经济格局的较长时段的相对稳定被打破,单边主义、贸易保护主义抬头,超级大国开始破坏国际公认的自由贸易规则,利用贸易战、科技战等各种手段,破坏正常的国际经济秩序。同时,我国也进入了经济发展方式转型和结构升级的关键期,这就必须以加快转变经济发展方式为主线,大力推进经济结构战略性调整和升级,包括需求结构升级。特别是受2019年以来的全球疫情影响,我国经济发展的外部环境面临诸多挑战,以参与中低层次分工为主的出口导向型经济发展模式显然已经不适应这一阶段的发展要求。只有以"扩大内需"作为战略基点,由国内市场主导国民经济循环,我国经济发展才能行稳致远。

新发展格局并非孤立的、封闭的国内循环,而是彼此依存、相互促进的国内国际双循环。创新不仅有助于解决国内循环和供需不匹配的深层矛盾,而且有利于提高我国在国际市场上的竞争力。首先,能够使我们自立自强,激发内生性、本土化创新,加速形成我国工业产品的比较优势,有效抵御来自欧美等国的技术封锁,这为我们参与全球科技创新及产业竞争提供了机会。其次,通过创新有助于扩大我国与世界其他经济体的交流和联系,形成合作互补,这有利于补齐我国资源、管理、人才等方面的短板和不足,促进国内大循环的顺畅运转。

第三节　创新发展理念的人本内涵

发展理念是否科学,从根本上决定了发展成效甚至成败。当下,我国经济发展正处在从量的扩张转向质的提高的重要关口,处在从"有没有""够不够"转向"好不好""优不优"的重要节点。在新的历史起点,为谁创新？靠谁创新？创新成果由谁共享？这是创新发展理念必须回答的三个根本问题。

一、创新发展理念的根本前提:"为谁创新"

"为谁创新"或"创新为谁",是为了谋取自己的私利还是为了造福于人民群众,这里客观上存在一个"为了谁"的根本立场问题。习近平总书记提出,"科技创新是提高社会生产力和综合国力的战略支撑,必须把科技创新摆在国家发展全局的核心位置"[1]"要把满足人民对美好生活的向往作为科技创新的落脚点,把惠民、利民、富民、改善民生作为科技创新的重要方向"[2]。坚持创新的人民立场,就要始终不忘坚持以人民为中心,始终坚持科技创新为人民。

科技创新的最终目的是为了人民。从某种程度上说,科学技术是一把"双刃剑",因为它既能通过促进经济和社会发展造福人类,同时也可能在一定条件下给人类的生存和发展带来消极后果。若科技发展长期仅仅聚焦于推动经济增长、升级产业结构、创造个人财富,以市场、效率等为驱动的技术变革就有可能会越来越强烈地冲击人类社会的价值体系,甚至脱离伦理、道德的约束,造成人的价值观被不断扭曲、弱势群体的基本权益被不断蚕食的危险局面。因此,确立科技服务人民的目标,坚持科技惠民,坚持科技发展始终维护最广大人民的根本利益,使科技成果更多更公平惠及全体人民,是确保科技事业始终服务于人的全面发展以及人类

---

[1] 中共中央文献研究室.习近平关于科技创新论述摘编[M].北京:中央文献出版社,2016:23.

[2] 习近平.在中国科学院第十九次院士大会、中国工程院第十四次院士大会上的讲话[M].北京:人民出版社,2018:11.

社会可持续发展的前提。

科技创新发展的根本目的就是满足人民群众对美好生活的向往[①]。从普通民众的角度看,科技创新不仅承载了国富民强的家国情怀,也承载了人民对更方便、更先进、更美好的生活的愿景。面临百年未有之大变局,坚守"人民至上"的发展理念,我们选择创新主题和确定创新的突破口,应该以惠民、利民、富民、改善民生为科技创新的引领目标,以实现人民幸福和提高人民的幸福指数这一视角为考量。要面向增进民生福祉,把创新发展的方向、目标和人民群众的意愿协同起来,力求各项创新举措在合乎创新发展规律的同时,开展重大疾病防治、食品安全、污染治理等领域攻关,不断提升人民的生活品质和幸福感,让人民生活得更美好。

二、创新发展理念的动力机制:"靠谁创新"

"科技是国之利器,国家赖之以强,企业赖之以赢,人民生活赖之以好。"创新造福人民,也是全体人民的共同事业。马克思历史唯物主义者认为,人民群众是历史的创造者,是决定社会发展的决定力量,也是推动创新发展的主体。人民群众的创造精神是改革创新不竭的动力之源。党带领全国人民坚持自力更生,走中国特色的自主创新道路,取得了改革开放40多年的伟大成就,这期间很多鲜活的发展经验就是在人民群众"摸着石头过河"的社会主义实践探索中创造得来的。

社会主义新时代,我们更要依靠人民群众,尊重人民群众的首创精神,激发人民群众的积极性,放手发动广大群众勇于探索、大胆创新,发挥人民群众在改革创新中的主力军作用,使人民群众成为创新活动的推动力量。当前我国科技实力正处在从量的积累向质的飞跃,点的突破向系统能力提升的关键时期。从今天的外部环境来看,在这样一个以开放和合作为主旋律的国际社会中,美国强行开启科技霸凌模式,企图全面遏制中国科技产业,对华技术封锁正在变本加厉,不断升级。习近平总书记指出:"我国科技创新基础还不牢,自主创新特别是原创力还不强,关键领域核心技术受制于人的格局没有从根本上改变。只有把核心技术掌握在自己手中,才能真正掌握竞争和发展的主动权,才能从根本上保障国家经济安全、国防

---

① 王茂诗.习近平科技创新思想的伦理意蕴[J].中国高校科技,2018(4):4-6.

安全和其他安全。不能总是用别人的昨天来装扮自己的明天。不能总是指望依赖他人的科技成果来提高自己的科技水平,更不能做其他国家的技术附庸,永远跟在别人的后面亦步亦趋。我们没有别的选择,非走自主创新道路不可。"[①]中国人民勤劳勇敢、聪明智慧,是富于创新创造精神的。只要中国人民心往创新上想、劲往创新上使,就一定能够突破科技封锁和霸凌,创造人间奇迹。

创新发展的核心要素是人。随着科学技术的发展,分散式创新的作用逐渐凸显,创新的主体比之前更加广泛,"大众创业万众创新"成为我国经济发展的一大亮点。近年,创新不再局限于企业家或专业技术人才,创新理念已然注入人民群众的实践过程之中,参与创新的群体日渐多元化。今后,要继续鼓励和激发人民群众的首创精神,使人民成为推动创新发展的最主要力量。相信中华民族伟大复兴的中国梦必将在亿万中国人民的创新创造中梦想成真、梦圆世界。

三、创新发展理念的价值尺度:"创新成果由谁共享"

习近平总书记指出:"广大人民群众共享改革发展成果,是社会主义的本质要求,是我们党坚持全心全意为人民服务根本宗旨的重要体现。我们追求的发展是造福人民的发展,我们追求的富裕是全体人民共同富裕。改革发展搞得成功不成功,最终的判断标准是人民是不是共同享受到了改革发展成果。"[②]创新成果由人民共享是保证未来中国科学技术发展的方向性指引。创新关键在人民,最终也要服务于人民,必须用创新创造出更多的创新成果,以满足人民对美好生活的热切期盼。"以人民为中心"不应该只是一句空洞的政治口号,而应是一种彰显"人民至上"的根本价值取向,充分体现"以人民为中心"的核心价值理念。人民群众既是创新发展的出发点,也是创新发展的落脚点。创新的发动和实践要依靠人民群众,创新成果的共享和共用,也必须普惠人民群众。人民群众能否享受到发展成果则是创新是否成功的尺度和衡量标准。

[①] 习近平.习近平谈治国理政(第一卷)[M].北京:外文出版社,2018(再版):122.
[②] 中共中央文献研究室.习近平关于社会主义社会建设论述摘编[M].北京:中央文献出版社,2017:34.

创新成果在获得经济效益的同时,必须要对科技创新带来的社会效益给予足够的重视,应以加强科学技术的研发和推广应用为手段,来重点解决关系民生的重大科技问题。特别是与人民群众生产生活息息相关的重点领域,如生态环境改善、大气污染治理、食品安全保障、重大疾病防治、城市智能化管理等,在满足人民群众基本的物质文化需求的基础上,应以满足人民群众更高层次的需求为目标,用推进最新科技成果在实践中的应用来改变人民的生产生活方式,让人民生活更便捷、更幸福,从而让更广大的人民群众分享到科技创新成果所带来的民生福利。

今天,移动互联网、大数据、云计算等技术正在悄然形塑着、丰富着我们的生活。要通过"互联网+"扶贫、"互联网+"医疗、"互联网+"教育等较难领域的创新突破,让创新发展红利惠及全体人民。同时,蕴含着巨大的商机和需求的"互联网+"、分享经济等新理念、新业态的出现,给人民敞开了用新技术改造传统产业、创造财富和实现人生价值的机会,应坚持惠民、利民、富民,不断提升人民群众的获得感。

第四节 创新发展理念的实践路向

当前,我国经济社会发展正处于世界百年未有之大变局,国内外形势正发生着深刻复杂变化,既有机遇,更有挑战。只有最大限度地释放全社会创新创业创造动能,才能不断增强我国在世界大变局中的影响力、竞争力。

一、推进创新创业创造,激发主体新动能

习近平总书记提出,要向改革开放要动力,最大限度释放全社会创新创业创造动能,不断增强我国在世界大变局中的影响力、竞争力。今天,在创新创业创造中建功立业,已经成为每一位中华儿女的夙愿。

科技创新的主体是广大科技工作者以及全社会所有科技工作的参与者。当前,我国的科技事业已然发生历史性变革,取得了巨大的成就。重大创新成果正竞

相涌现,若干科技前沿领域在国际上开始进入并跑甚至领跑阶段,我国的科技实力正在从量的积累走向质的飞跃,从点的突破走向系统能力的提升。正如习总书记所指出的,加快科技创新是推动高质量发展的需要,是实现人民高品质生活的需要,是构建新发展格局的需要,是顺利开启全面建设社会主义现代化国家新征程的需要。广大科技工作者应该大力弘扬科学家精神,肩负历史重任,坚持面向世界科技前沿、面向经济主战场、面向国家重大需求、面向人民生命健康,不断向科学进军。

企业家,特别是民营企业家是创业的主体。新时代企业是技术创新的主体,正如习总书记所说的:"企业是科技和经济紧密结合的重要力量,应该成为技术创新决策、研发投入、科研组织、成果转化的主体。"[1]为应对百年未有之大变局,在统筹"两个大局"中构建新发展格局,党的十九届五中全会做出了重要战略部署,其中一条是"坚持创新在我国现代化建设全局中的核心地位",把科技自立自强上升到"国家发展的战略支撑"的高度。2020年9月,习近平总书记在科学家座谈会上强调,"要发挥企业技术创新主体作用,推动创新要素向企业集聚,促进产学研深度融合"[2]。面对日趋复杂的国内外环境,积极推动科学研究向高精尖发展,加快应用基础研究成果转化,打通产学研用通道,夯实企业创新主体地位是关键。当下,转型升级、创新发展的意识越来越明确,更多的中国企业已经开始在创新创业创造的洪流中奋然前行。

全体中华儿女都是创造主体,这既包含广大的科技工作者、大国工匠、民营企业家等知识型、技能型、创新型劳动者,更包含了无数有创造想法的普通民众。只有创新创业创造,国家才能发展,只有让每一位中华儿女都参与其中,通过每个人的创造性劳动,发展的引擎才能更强劲,中华民族的伟大复兴才能实现。

二、推动产业转型升级,提升整体创新实力

在社会发展进程中,源于对生产力的不断追求和满足人类欲望的需求,加上技

---

[1] 习近平.习近平谈治国理政(第二卷)[M].北京:外文出版社,2017:274.
[2] 习近平.在科学家座谈会上的讲话(2020年9月11日)[M].北京:人民出版社,2020:6.

术在国家之间分布的不均衡性和资源供给的时效性,工业化的进程及其质量的提升越来越依靠科技的发展与进步,科技也自然成为各国经济社会发展的原动力[①]。从全球范围看,技术的发展和传播呈现出从先发国家渐次向发展中国家和不发达国家输出的梯度性特征。我国改革开放40多年的科技发展进程,就是在消化、吸收引进技术的基础上,不断推进国产化并实现自主创新的过程。很多行业企业不仅融合发展出了新的高科技产业,而且以此得以实现"转型升级",生产出了高附加值的产品。

世界经济发展的历史证明,技术创新大规模地应用于产业领域可以有效地推动产业升级,培育新的经济增长点;而产业升级和经济增长又可以为技术创新开辟道路,提供更好的产业基础与经济保障。今天,我国经济正由高速增长阶段向高质量发展阶段转变,目前已经进入转变发展方式、优化经济结构、转换增长动能的攻关期,新的内外部环境与形势,不断推动创新创业创造向纵深发展。但是,当前我国经济发展面临着技术创新能力不足、产业发展滞后、效率低下、结构性矛盾凸显、经济增长速度下行及动力不足等严峻挑战。如何科学有效地解决当下我国经济发展的困境?可以说,技术创新和产业转型升级是重中之重。

加快产业转型升级毫无疑问是目前中国转变发展方式的重要内容。产业转型升级不是去除低端产业,而是要通过科技创新把这些产业做得更精细化和专业化。要实施"中国制造2025",推进一批战略性新兴产业重大工程,加速一批传统产业转型升级。促进制造业向高端、智能、绿色、服务的方向发展,着力提升产品和服务的质量。大力弘扬创新创业创造和企业家精神,切实提升创新能力。培育新动能,推进实施大数据战略和"互联网＋"行动,积极分享在线教育、互联网医疗、线上办公、数字化治理等新业态、新模式,壮大实体经济新动能。

三、改革体制机制,构建创新支撑保障

制度经济学家认为,制度也是一种稀缺的要素。这种稀缺要素的作用是降低经济交易中的稀缺性及交易成本,从而有利于提高组织绩效。特别是当一项制度

[①] 陈晓东.改革开放40年技术引进对产业升级创新的历史变迁[J].南京社会科学,2019(1):17-25.

变迁能够突破现有的制度瓶颈时,往往可以带来经济绩效的增加①。实际上,经济制度的创新贯穿于过去500年中每一个欧美经济体崛起的全过程。几乎世界所有领先经济体,都是在经济制度创新领域确立了其显著的制度优势,其他国家则是通过追随、效仿经济领先国家先进的经济制度走上经济繁荣的发展道路的。中国40多年的改革开放成就斐然,其中,制度红利功不可没。在借鉴西方传统经济学范式及其衍生制度的同时,我们坚持扎根中国国情,坚持理论和实践的有机统一,选择了一条渐进式增量改革的道路,由此成就了历史上持续时间最长的高速增长。

当前,中国正处于从工业大国向工业强国、从外延式增长向内涵式增长、从高耗能增长向绿色低碳增长的新旧动能转换的关键期,经济结构有待深度调整、发展质量有待全面提高。厚植创新发展理念的土壤,铺平创新创业创造的道路,让创新创业创造的花朵竞相绽放,这是调整经济结构应然的选择,也是高质量发展的必然之举,更是应对百年未有之变局的必然抉择。在充分发挥市场决定性作用的同时,必须强化政府深化改革的动力作用,以此来构建一个积极而宽松的创新创业创造环境。

创新创业创造的关键是为更多的主体施展才华搭建舞台和创造空间。政府要落实好党中央关于深化科技体制改革的一系列部署,推进全面改革试验,打造面向大众的创新创业创造全程服务体系。要改善创新环境,深化简政放权、放管结合、优化服务的改革,处理好坚持审慎包容态度和完善监管的关系。如大力推进技术创业,加强对种子期、初创期和高速成长期创业企业的融资扶持,为创业者提供更多专业指导,建立审慎包容、公平竞争的市场环境,加强高校、科研机构与企业的联系等等。

四、弘扬创新文化,营造良好创新氛围

习近平主席曾说过:"一个没有精神力量的民族难以自立自强,一项没有文化

---

① 韩文龙."技术进步—制度创新—企业家精神"的创新组合及其增长效应[J].社会学辑刊,2019(3):202-212.

支撑的事业难以持续长久。"①很长时间以来,我国经济和科技水平虽然飞速发展,但经济转型升级、结构调整和创新发展问题却始终得不到根本解决,虽然原因很多,但隐藏于科技、经济问题背后的、阻滞其创新发展的文化问题没有解决则是其深层次原因。党的十九大报告强调要"倡导创新文化",这反映了党对创新发展规律及文化建设规律认识的深化,是顺应时代潮流和创新发展规律、应对挑战、坚定创新文化自信、实现创新发展的必然选择。

当下,不管是解决来自欧美等国的技术壁垒障碍,还是推进国内的经济转型问题,全面自主创新是关键所在,而自主创新必然需要创新文化的支撑。可以说,创新在今天不只是现代文化传统,而且已然上升到价值层面,随着创新价值的确立,创新文化必将成为当今时代的主旋律和最强音。什么是创新文化?有学者提出,创新文化包括崇尚创新的理念文化、改革创新的精神文化、守正出新的制度文化、敢为人先的科技文化几个方面,而与时俱进的先进性、动态发展的开放性、百花齐放的包容性、富于创造的活力性、继往开来的时代性则是其主要特征②。

创新文化是我国文化软实力的重要组成部分,一个国家要实现创新发展,就必须精心培育、大力弘扬创新文化,要使创新成为全社会的一种价值导向、一种思维方式和一种生活习惯。此外,还要在全社会营造鼓励创新、宽容失败的社会文化氛围。创新、创业和创造均属高风险的事业,因为它意味着去尝试之前没有尝试过的事情,自然会有一定的失败概率。全社会要凝聚合力,既要加大对初创企业、高成长企业的支持力度,努力提高该类企业的存活率,同时也要宽容失败,允许试错,构建一个宽松、向上的创新创业创造社会环境。

---

① 习近平.习近平谈治国理政(第一卷)[M].北京:外文出版社,2018(再版):52.
② 王资博.新时代创新文化的四个维度[J].中学政治教学参考,2018(24):1-4.

第四章
协调发展理念的人本意蕴及意义指向

协调发展理念既是对之前发展经验教训的总结,也是根据发展的新形势和新阶段所提出的具有鲜明针对性的发展理念。今日中国,只有协调发展,如弹钢琴般处理各类复杂社会经济关系,如指挥乐队般统筹兼顾各领域发展节奏,才能奏响中华民族伟大复兴的华美乐章。

第一节 协调发展理念的文化渊源

协调发展理念并非无本之木,它的产生既以现实为依据,也传承了以往的人类智慧。在人类思想史的长河中,协调发展思想如鲜亮的浪花,带给人无限希望和启迪。

"协调"这一镌刻着中华文明基因的政治哲学理念,作为中国社会悠久而珍贵的思想文化传统和价值追求,一直在中国人心中占有举足轻重的地位,它蕴含了中国古代先哲们关于自然、社会和人生的哲学智慧,是社会发展的理想目标。中华民族从先秦开始,就初步形成了整体至上的观念,认为和谐是事物发展的本来状态,是一切事物运动和变化的目标①。如《尔雅·释诂》中说"协者,和合而服也","协"

---

① 蒋伏心.协调发展[M].南京:江苏人民出版社,2016:18.

意为众多，"和"意为和谐、和睦，其意思是，只有万民同心，共同协作，才能相互配合好，形成团结和睦的局面。这同《说文》中对"调"的解释和对"协"字的解释不谋而合："和合也"。具体来说，以"和合"思想为轴心，中国古代先哲主要想协调的关系有以下几种：

一、天人关系的协调

在中国古代文化中，天人关系举足轻重，怎样看待天人关系是个体怎样看待宇宙、人生的重大问题。先哲们所推崇的"天人合一"是一种将自身回归于自然的身心释放的协调状态，也是一种与天地融为一体的理想境界。何为"天"？儒家认为，"天"具有天性、天命、人格神的含义。孔子说"唯天为大，唯尧则之"（《论语》），流露出"畏天命"的思想。《中庸》提出"致中和，天地位焉，万物育焉"，强调天、地、人的协调发展。孟子提出"尽其心者，知其性也；知其性，则知天矣"（《孟子·尽心上》），认为人如果觉悟到了自己的本性，就懂得了天命。汉代董仲舒提出"天人之际，合而为一"（《春秋繁露·深察名号》），认为人完全承继天之属性，天人之间是合一的。道家天人关系中的"天"实际上是自然天，如老子说："故道大，天大，地大，人亦大。域中有四大，而人居其一焉。人法地，地法天，天法道，道法自然。"（《老子》）"法"为效法之意，即人应该效法天地，做到无为，达到自然的境界。庄子提出"不以心损道，不以人助天"（《庄子·内篇·大宗师》），"无以人灭天，无以故灭命"（《庄子·秋水篇》），认为自然界的变化发展遵从不以人的意志为转移的客观规律。庄子认为最高的境界是人与天地万物不分彼此的协调状态："天地与我并生，而万物与我为一。"（《庄子·齐物论》）总之，中国古代先哲们多强调人与自然的统一，人的精神、行为与外在自然的协调，进而达到天道与人道的完满与和谐。

二、人与人关系的协调

中国古代先哲认为人与人之间融洽和谐、平等友爱的民族心理结构和精神气质是社会稳定繁荣之根本。从基本层面看，人与人关系的协调，意味着人与人之间紧张关系的化解，彼此之间矛盾和斗争达到一个动态的、稳定的平衡状态。从较高层面看，人与人之间协调的最高境界是同心同德、协力合作以实现共同的理想和目标。儒家认为，人是一种"群"的存在，只有把个体融入群体之中，才能实现人与社会的协调和统一，并以"仁"为核心提出了一整套规范人与人之间友爱亲善的伦理体系。《中庸》有言："和也者，天下之达道也。"孔子说："君子和而不同，小人同而不和。"（《论语·子路第十三》）这说明即使人与人之间思想观念可能会存在一定差异，不可能完全一致，但并非无法协调，大家可以求同存异，携手并进，勠力同心做事。孟子认为，"天时不如地利，地利不如人和"（《孟子·公孙丑下》），强调"协调"对人际关系的至关重要作用。墨家倡导"兼爱""非攻""尚贤"等原则，即要像对待自己一般对待别人，要像爱护自己一般爱护别人，人与人之间应相亲相爱，不受等级地位、家族地域的限制。墨家认为"兼爱"是道德之根本，是天下治乱的一个关键和枢纽，要"兴天下之利，除天下之害"（《墨子·尚同中第十二》）。道家庄子提出"相濡以沫，不如相忘于江湖"（《庄子·内篇·大宗师》），表达了人与人之间各得其所、潇洒逍遥的和谐状态。

三、个体身心的协调

个体身心的和谐，也可以叫做人的神形合一，一半指人生在世，要保持心态的平和与恬淡，培养自己良好的道德修养和人格精神，实现个人身心的和谐。如《大学》中提出："古之欲明明德于天下者，先治其国；欲治其国者，先齐其家；欲齐其家者，先修其身；欲修其身者，先正其心；欲正其心者，先诚其意；欲诚其意者，先致其知，致知在格物。物格而后知至，知至而后意诚，意诚而后心正，心正而后身修，身修而后家齐，家齐而后国治，国治而后天下平。"孟子主张"知性、养性"以达到身心协调，内外和谐。程朱理学主张控制人的欲望的"心性论"。"心性论"关注的是天道与人道能否合一、怎样实现合一的问题。

四、国与国关系的协调

中国古代先哲们在处理民族与民族、国与国之间的关系时，从来都是主张"协和""协调"而不是"压制"或"征服"，即在平等基础上，亲善和睦、和平相处。《礼记·礼运》大同章中说:"大道之行也,天下为公。选贤与能,讲信修睦。故人不独亲其亲,不独子其子,使老有所终,壮有所用,幼有所长,矜寡孤独废疾者皆有所养,男有分,女有归。货恶其弃于地也,不必藏于己;力恶其不出于身也,不必为己。是故谋闭而不兴,盗窃乱贼而不作,故外户而不闭,是谓大同。"天下大同、和谐万邦是中国古代社会的基本思想底框,所谓"四海之内皆兄弟也"。

总之,作为中华传统文化珍贵而悠久的价值追求,"协调"囊括了关于自然、社会和人生的哲学智慧,是中华文化的一个重要内核,也是理想社会的发展蓝图。

第二节 协调发展理念的哲学运思

协调发展理念蕴含了实事求是的思想精髓,涵盖了主要矛盾的辩证思维,彰显了联系发展的理论本质,体现了统筹兼顾的基本原则,蕴含了当前发展短板和未来发展潜力的统一,是体现了马克思主义哲学精髓的发展理念。

一、蕴含了实事求是的思想精髓

"实事求是"是党的思想路线的核心内容,是马克思主义活的灵魂,也是毛泽东思想的精髓。1941年,毛泽东在《改造我们的学习》这篇报告中,科学界定了实事求是的内涵和要求,他指出"'实事'就是客观存在着的一切事物,'是'就是客观事物的内部联系,即规律性,'求'就是我们去研究。我们要从国内外、省内外、县内外、区内外的实际情况出发,从其中引出其固有的而不是臆造的规律性,即找出周围事物的内部联系,作为我们行动的向导"[①]。人民革命斗争的时代和实践孕育了这一思想路线的形成,中国特色社会主义道路的建设实践又进一步丰富了这一思想路线的内涵。在大变革、大调整和大发展成为时代主题的社会主义新时代,实事求是这一思想路线肩负起了新的使命,怎样在世界和中国飞速发展变化的关键节点以实事求是的精神科学认识和把握人类社会发展规律,对推进民族复兴伟大征

---

① 中共中央文献研究室.毛泽东著作专题摘编(上)[M]北京:中央文献出版社,2003:194.

程意义重大。

正确认识和把握我国基本国情是实事求是这一思想路线的实践语境。当前,我国仍处于并将长期处于社会主义初级阶段的基本国情没有变,我国仍然是世界最大的发展中国家的国际地位没有变,这两个"没有变"是中国最大的"实事"。

这一中国最大的"实事"导致我国发展不平衡不充分的一些突出问题尚未解决,这不仅表现在经济领域,还表现在精神文明建设、民主法治建设、社会建设与治理、生态文明建设等各领域。这些问题有的是在发展过程中产生的,有的则是发展过程中有所偏重造成的。运用马克思主义理论提出时代之问并加以回答,是实事求是的力量所在。坚持实事求是的思想路线,需要准确把握社会主要矛盾,并坚持"以人民为中心"利益导向,致力于不断创造人民美好生活[①]。为了尽快解决这些突出的问题和矛盾,党以实事求是的高度精神自觉提出了新发展理念的"协调发展"理念,协调发展就是要坚持"以人民为中心"的价值旨归,努力实现人民对美好生活的向往。我们坚信,只有坚持"实事求是"的思想路线,才能时刻保持战略定力,才能确保中国发展行稳致远,才能引领中国特色社会主义的正确航向。

二、涵盖了主要矛盾的辩证思维

"协调发展"理念涵盖了马克思主义关于矛盾的辩证思维。从哲学角度看,"矛盾"是一个反映事物内部与事物之间对立统一关系的哲学范畴,这一范畴既是事物联系和发展的前提,同样也是推动事物发展的根本动力。"矛盾"这一范畴的重要价值,不仅表现为其深邃的哲学思想,更表现为其强烈的实践性要求。毛泽东指出:"任何过程如果有多数矛盾存在的话,其中必定有一种是主要的,起着领导的、决定的作用,其他则处于次要和服从的地位……捉住了这个主要矛盾,一切问题就迎刃而解了。"[②]从人类社会的角度看,对社会发展起决定性作用的是社会主要矛盾,因此,只要抓住了主要矛盾和矛盾的主要方面,社会其他问题即可以迎刃而解。社会主要矛盾是党对中国国情最深刻的理解和分析,是党对国家未来发展期望和

---

① 侯惠勤. 始终坚持实事求是 时刻保持战略定力[J]. 红旗文稿,2019(23):8-11.
② 毛泽东. 毛泽东选集(第1卷)[M]. 北京:人民出版社,1966:296-297.

国家发展制约性因素关系的根本性认识。只有科学认识社会主要矛盾,才能确定党和国家战略目标、制定大政方针,才能保障人民的根本利益,这事关中国特色社会主义事业的前途命运。

根据中国国情,根据中国革命和建设不同历史时期所面临的不同任务和问题,分析各种矛盾体系存在的情况和特点,提炼概括出其中的主要矛盾,观察分析主要矛盾变化的趋势,把握主要矛盾,研究制定解决主要矛盾的策略方针,集中主要精力推动主要矛盾的解决,这是中国共产党领导革命和建设事业的基本战略、基本思路和基本方法。

社会主义进入新时代,中国社会虽然整体呈现螺旋式上升发展趋势,但依然存在危机和隐患。当前,我国社会主要矛盾已经由"人民日益增长的物质文化需要同落后的社会生产之间的矛盾"转变为"人民日益增长的美好生活需要和不平衡不充分的发展之间的矛盾"。美好生活是理性的、有限的、现实的、多元的,每个人都有追求属于自己的美好生活的权利,每个人都有自己追求美好生活的目标,每个人都可以拥有属于自己的美好生活的现实[①]。所谓"不平衡不充分的发展"主要是指发展不仅是物的发展,更是人的发展,要"以人民为中心",满足人的需要,而要解决这一问题,就是要把"以人民为中心"与"以经济建设为中心"有机统一起来,通过构建平衡和充分的发展,满足人们对美好生活的需要。

三、彰显了联系发展的理论本质

辩证法与形而上学的一个根本分歧就在于是以彼此孤立的观点还是彼此联系的观点来看待一切事物和现象。从马克思主义哲学角度看,世界是物质的,物质世界又处在普遍联系、永恒发展中。事物之间及事物内部诸要素之间的彼此制约、彼此作用的过程就是"联系"这一哲学范畴的核心含义。联系具有客观性、普遍性和多样性的特点。联系的客观性、普遍性和多样性决定了联系的条件性。所谓条件性是指一定事物与其周围事物的关系,制约着该事物的存在和未来发展。整个世界即为一个普遍联系的有机整体,一切事物都与周围其他事物有条件地联系着。

---

① 侯一夫.中国社会主要矛盾及其转化的实证解读[J].北方论丛,2021(1):72-77.

我们想问题、做事情,认识条件的重要作用,并对条件进行具体分析是一个根本前提,否则,就会陷入空想和蛮干的泥潭。当然,在条件面前,人不是无能为力的,为了满足人的实践活动需要,达到实践目标,人可以在尊重规律的基础上,发挥自身的主观能动性,使不利条件转化为有利条件,甚至可以创造出原来不存在的条件。因为事物普遍联系的存在,它们之间的相互作用、相互影响,由此构成了事物的运动、变化和发展。发展就是新事物的产生、旧事物的灭亡,即新事物代替旧事物,这一过程是前进性和曲折性的有机统一。没有联系,发展也就无从谈起。唯物辩证法有关联系与发展的观点,要求我们观察、分析问题既要了解事物的内部联系,也要了解它与周围其他事物的联系;既要看到事物的正面,也要看到它的反面;既要把握事物的现在,也要把握这一事物的过去和未来。

"协调发展"理念就是在不断把握中国特色社会主义建设发展规律的过程中,深刻地认识到各领域、各方面、各类别的要素彼此影响、彼此作用和彼此制约,彼此互为发展的前提和条件。协调发展就是要统筹城乡发展、统筹区域发展、统筹经济社会发展、统筹人与自然和谐发展、统筹国内发展和对外开放,推进生产力和生产关系、经济基础和上层建筑相协调,推进经济、政治、文化建设的各个环节、各个方面相协调。因为"一只木桶的装水容量不是取决于这只木桶中最长的那块板,而是取决于最短的那块板"[①]。如果短板问题解决不好,会产生可能迟滞或中断中华民族伟大复兴进程的全局性风险。我们要不断调整城市与农村、社会与经济、物质与精神等的发展水平和效率,使其始终处于一个彼此促进的和谐发展的状态之中。

四、体现了统筹兼顾的基本原则

"统筹兼顾"在《辞海》中的解释为:"统筹"指通盘筹划;"兼"本义为一手执两禾,引申为同时涉及或具有几种事物;"顾"即照顾之意。"统筹兼顾"即统一规划,全面照顾。"统筹兼顾"是植根于马克思主义哲学的一个唯物辩证法理论,也是党一直以来坚守的科学方法论。在我们党带领全国各族人民进行革命、建设和发展的各个历史时段,从毛泽东的学会"弹钢琴"理论,到邓小平的"两手抓,两手都要

---

① 人民日报评论部. 习近平讲故事[M]. 北京:人民出版社,2017:190.

硬"思想,再到习近平总书记提出的新发展理念,这一方法论在一脉相承的同时又获得了与时俱进的发展。改革开放40多年的辉煌历程,中国一跃成为全球第二大经济体,发展成就举世瞩目,但目前也遇到一系列不平衡、不协调和不可持续的问题。党的十八大以来,以习近平同志为核心的党中央提出的新发展理念,是对百年未有之大变局的国际国内形势做出的科学研判。

协调发展理念要求我们要用统筹兼顾的系统性思维来审视、指导发展,在对发展关系的优化协调中来解决发展失衡的问题,从而更好地满足人民群众日益增长的美好生活需要。协调发展并非平均主义,而是关注于发展机会的公平与公正,关注于资源配置的公平与均衡;协调发展就要统筹兼顾、综合平衡,使分散的部分系统化,使发散的局部功能整体化,把薄弱环节、区域、领域补起来,形成均衡发展的结构,以增强我国发展后劲。协调发展强调的是整体性、综合性和内在性的聚合性发展,不是单一的发展,而是多元化发展。

第三节 协调发展理念的价值目标

协调发展理念的价值目标是人,协调发展理念以实现全体人民的共同富裕为目标,为人的解放奠定物质基础;以推动公平正义为旨归,为人的解放理顺生产关系;以人与自然和谐共生为愿景,为人的解放拓展生态空间;以物质文明与精神文明的协同共进为抓手,为人的解放提供价值依据。

一、以实现共同富裕为目标,为人的解放奠定物质基础

共同富裕主要指在生产力持续发展的条件下,全体人民按照社会主义公平与正义的原则来共同分享社会发展成果。"共同富裕"并非传统意义上的"共富""均富"思想,而是要消灭剥削、消除两极分化、真正实现人的解放、实现人的全面自由发展的科学论断。资本主义不可能有共同富裕,只有社会主义、共产主义的"共同富裕"才能真正实现人的解放。

贫穷不是社会主义。我国在全面建成小康社会以后,将逐步走向共同富裕的社会。2017年10月25日,习近平总书记在十九届中共中央政治局常委同中外记者见面时强调:"2020年,我们将全面建成小康社会。全面建成小康社会,一个不能少;共同富裕路上,一个不能掉队。我们将举全党全国之力,坚决完成脱贫攻坚任务,确保兑现我们的承诺。"

从小康走向全面小康必须重视解决发展不平衡问题,全面小康是要惠及14亿人民的小康,是不再有地域差异的小康,是一个民族都不能少的小康,是不让一个人掉队的小康,这样的小康没有协调发展是不可想象的。协调发展就要立足于城乡和区域来实现共同富裕,从贫困县全部摘帽,到解决区域性整体贫困问题,只有相对落后的地区和比较薄弱的领域都赶上来了,西部的短板都补上去了,我们才能实现整体性的全面小康。因此,全面小康不是为了小康而小康,而是要最大限度地提升人民群众的获得感和幸福感。党和人民群众的血肉联系,决定了我们所有工作的立足点、出发点和落脚点,归结为一句话:人民利益高于一切。决胜全面小康,我们要坚持人民主体地位,坚持共同富裕方向。

二、以推动公平正义为旨归,为人的解放理顺社会关系

马克思主义认为,人的解放是指人摆脱了各种束缚、压迫和压抑,进入一种自主、自由的生存状态。人的解放包括人的劳动能力的解放、人的社会关系的解放,以及人的自由个性的解放。人总是生活在一定的社会关系中,正如马克思谈论人的本质时所指出的:"人的本质不是单个人所固有的抽象物,在其现实性上,它是一切社会关系的总和。"①人只要从事物质生产活动和交往活动,就会不可避免地发生一定的社会关系,人的能力的形成,人的解放都离不开人的社会关系。因此,从根本上说,特定历史条件下社会关系的性质决定了人的生存状态,实现人类解放的根本路径在于对现存的社会关系实行革命性变革。

当前,我国仍处于社会主义初级阶段,虽然人的社会关系已经得到了实质性的解放,但仍有若干不尽如人意之处需要不断调整和理顺。我国改革开放所走过的

---

① 马克思,恩格斯.马克思恩格斯选集(第1卷)[M].北京:人民出版社,1995:60.

路可以用"时空压缩"来形容,经过40多年超常规、高速度、跨越式、非均衡的发展,我国从工业化、城镇化始,直至今天的信息化,经历了从"计划经济"向"市场经济"、从"传统社会"向"现代社会"的跨越式转型,用几十年的时间走过了发达国家三百年走过的路,取得了举世瞩目的成绩。但是,在为发展成果倍感骄傲的同时,我们也不能忽视发展中暴露出的一些问题:城乡收入、贫富差距不断拉大,地区发展不平衡,"三农"问题,就业问题,社会保障问题以及经济、政治体制改革等问题。这些问题的本质实际上是单峰突进的社会转型所带来的结构失衡,即发展不均衡的问题。如果这些社会矛盾得不到妥善解决,就会出现社会公平正义问题。其后果就是人心背离,社会动荡,社会经济建设受到损害,甚至动摇社会主义建设的根本。促进社会公平正义重心在于协调发展,只有社会各方面的利益关系得到合理协调,人民内部矛盾以及其他社会矛盾得到有效解决,社会公平和正义才能得到切实维护和实现,社会关系才会真正成为人的解放条件要素。

三、以人与自然和谐共生为愿景,为人的解放拓展生态空间

人与自然的关系是什么?人应以怎样的态度去对待自然?这是牵涉到人类社会能否持续发展的一个重大问题。人与自然是天然的"共同体",自人类诞生之初始,便与自然产生了千丝万缕的联系,这是一种内在的、固有的和必然的关系。人类社会的发展经历了从原始渔猎到农业文明再到工业文明三个阶段,与之相应,人的认识也经历了从依赖自然到畏惧自然再到征服自然的变化过程。虽然从外部表现看,前两个阶段人与自然之间总体呈现为和谐样貌,但这其实是一种初级的平衡状态,因为和谐更多地来自人对自然的敬畏和臣服。人类社会发展到第三个阶段,即工业社会阶段,二者之间的关系则反转为人对自然的征服和掠夺。由于机器的广泛采用,人成为自然界的主人,人对自然的征服欲、控制欲也日益膨胀,并最终造成了人与自然关系的恶化和对立。即使马克思曾对资本主义生产方式的历史进步性以及对人类社会作出的贡献给予了高度评价,但马克思严厉地指出,资本主义财富的积累却是以对自然的破坏和掠夺为代价的。恩格斯曾告诫说:"我们不要过分地陶醉于我们人类对自然界的胜利。对于每一次这样的胜利,自然界都对我们进

行报复。"①生态环境的恶化促使人类开始进行反思,考察人与自然的关系,工业文明的发展模式已经深陷困境,丧失了进一步持续发展的合理性,这一模式理所当然地要被更新为更有前途的文明形态,即被生态文明所取代。正如习近平总书记所说,"人类经历了原始文明、农业文明、工业文明,生态文明是工业文明发展到一定阶段的产物"②。

共产党人始终以历史的、辩证的思维、视野和方法来审视和处理人与自然之间的关系,形成了有中国特色的马克思主义生态文明思想。党的十九大报告第一次明确提出了"人与自然是生命共同体"的科学论断,并进一步强调,人类必须尊重、顺应和保护自然,这是无法违逆的重要规律③。习总书记在不同场合多次强调"推进人与自然和谐共生"思想。对人与自然和谐共生的现代化新定位,不仅反映了中华民族对生态文明本质的准确把握,也体现了党对生态文明理论与实践相结合的高度自觉。从人的解放角度看,"推进人与自然和谐共生"思想将为人的解放大大拓展生态空间,它代表了人类文明的未来走向与实践要求。

四、以物质文明与精神文明的协同共进为抓手,为人的解放提供价值依据

马克思主义认为,物质文明和精神文明共同铸就了多姿多彩的人类文明,是人类认识世界和改造世界所创造的全部物质的与非物质的、有形的与无形的成果结晶。物质文明为精神文明的发展提供物质前提和实践经验,精神文明为物质文明的发展提供精神动力和智力支持,两者相互融合、相互促进,保证了整个社会系统发展的可持续性。物质文明和精神文明协调发展是人的全面自由发展的前提条件和题中之意,因为只有在私有制和旧的社会分工已然消亡、生产力高度发达、人的精神境界极大提高的基础上,人的解放才能真正实现。

真正的社会主义不仅有高度发达的社会化大生产,还要有高度发达的精神文

---

① 恩格斯.自然辩证法[M].北京:人民出版社,2015:313.
② 中共中央文献研究室.习近平关于社会主义生态文明建设论述摘编[M].北京:中央文献出版社,2017:6.
③ 习近平谈治国理政(第三卷)[M].北京:外文出版社,2020:39.

明，两者应协调发展，并以此为基础来实现人的全面自由发展。改革开放以来，我们在创造"中国奇迹"的同时也遭遇了"成长的烦恼"，物质文明和精神文明建设不匹配的问题凸显。一方面，在物质财富快速增长的同时，人民的精神文化生活仍然较贫乏，一些领域道德失范、诚信缺失问题较严重，国民素质和社会文明程度均有待提高。但另一方面，中国人民在满足了温饱、总体实现小康的情况下，对优美环境、公平正义等其他方面的需求，也在不断增加，从而显现出经济与社会、物质文明与精神文明之间的发展不平衡。"协调"要求物质文明与精神文明总体平衡发展，全面小康即便物质层面的民生工作做得再好，如果没有精神文化上的丰富充盈，人民也不可能生活得幸福和体面。社会主义的本质是解放生产力、发展生产力，消灭剥削，消除两极分化，最终达到共同富裕。但必须明确的是，物质文明的创造过程，不能没有精神力量的支撑。我们在建设高度发达的物质文明的同时，也要建设高度发达的精神文明，并确保"两个文明"的最终成果能够为全体人民所共享，如此，社会主义制度的独有优势才能充分彰显。

物质文明和精神文明协调发展，也是实现中华民族伟大复兴的重要引领。正如习总书记指出的："人民有信仰，民族有希望，国家有力量。实现中华民族伟大复兴的中国梦，物质财富要极大丰富，精神财富也要极大丰富。我们要继续锲而不舍、一以贯之抓好社会主义精神文明建设，为全国各族人民不断前进提供坚强的思想保证、强大的精神力量、丰润的道德滋养。"[1]我们必须高度重视精神文明对物质文明的保证和推动作用，在推进物质文明建设的同时也要紧抓精神文明建设，把凝聚起来的全民族的精神力量转化为推进社会主义现代化建设的强大物质力量，如此，中华民族伟大复兴才能实现。

---

[1] 习近平.习近平谈治国理政(第二卷)[M].北京:外文出版社,2017:323.

第四节　协调发展理念的实践进路

协调发展理念绝非搞平均主义,更不是要吃大锅饭,而是在实践中始终坚守"以人民为中心"这一根本原则,并更加注重发展机会公平,更加注重资源配置公平,更加注重社会利益分配公平。

一、以实现人的全面自由发展为目标,更加强调人民至上

党自诞生之日起,即成为中国最广大人民利益的根本代表者,除了人民利益,党没有任何自己的特殊利益。这是中国共产党作为马克思主义政党区别于其他政党的显著标志。党来自于人民、植根于人民、服务于人民,从本质上看,党的理论就是一切为了人民的理论,党的路线就是一切为了人民的路线,党的事业就是一切为了人民的事业。"人民至上"并非一句空洞的口号,必须落实到现实实践中去。坚持协调发展理念,强调人民至上,就是要以实现人的全面自由发展为目标,从人民群众的根本利益出发来谋发展、促发展,不断满足人民群众日益增长的物质文化需要,切实保障人民群众的经济、政治、文化、社会和生态文明权益;从人民群众最现实、最关心、最直接的利益问题入手,把人民群众的利益实现好、维护好、发展好。

二、以实现共同富裕为工作重心,更加注重社会公平

虽然中国的发展速度举世公认,但发展中凸显的一些问题也不容忽视,跨越"中等收入陷阱",缩小贫富差距、城乡差距、区域差距,实现全体人民的协调发展与共同富裕,是中国面临的挑战和任务。今天,我们正处于"两个一百年"奋斗目标的历史交汇期,当前,我们解决贫富差距问题的条件基本成熟,经过40多年的改革和发展,我国经济实力和财力已大大增强。全面建成小康社会,在中国不是一个"数字游戏"或"速度游戏",而是一个实实在在的已经完成的工作目标。小康社会虽然已经全面建成,但仍存在一些短板、弱项,必须加快补上。践行协调发展理念,我们

应更加注重社会公平，更加重视共同富裕。要逐步建立以权利公平、机会公平和规则公平为主要内容的社会保障体系，使低收入者的收入水平不断提高，使中等收入者的比重持续扩大，有效调节过高收入，取缔非法收入，努力缓解地区之间和社会成员之间收入分配差距扩大的趋势。

三、以科学调整社会利益为工作机制，更加重视利益协调

没有公平和正义就没有社会主义，就不是社会主义。作为马克思主义执政党，维护社会的公平和正义是中国共产党必须承担的一个历史责任。社会主义和谐社会是公平正义的社会，公平和正义是社会主义的本质，是社会主义的基本精神，是现代社会的基本价值准则，也是党的意识形态中最重要的思想和理念。今天的中国，正面对着利益多元的复杂新格局，必须如同弹钢琴般妥善处理复杂经济社会关系，如同指挥乐队般统筹兼顾协调各方面利益。要尽快形成科学有效的利益协调机制，使社会利益得以全面表达、有效平衡和科学调整。要建立照顾各方面群众关切、兼顾各方面群众利益的机制和平台。为此，应更加注重改革的系统性、整体性、协同性，加强改革的顶层设计，让改革成果更多更公平地惠及全体人民。只有协调发展，才能奏响全面建成小康社会交响曲、民族伟大复兴进行曲。

四、以人民对美好生活的向往为奋斗目标，更加着力改善民生

民生问题是我国当下发展的着力点、结合点和交汇点，在体现"人民至上"的价值追求的同时，也是党执政能力的检验尺度。保障和改善民生是中国共产党一切工作的根本出发点和落脚点，如果没有民生的持续改善，党所开展的一切工作都将毫无意义。在协调发展的视域内，保障和改善民生既是转变经济发展方式的根本出发点和落脚点，也是推动经济社会协调发展的根本出发点和落脚点。保障和改善民生，既要有民生的情怀，也要有科学的方法，不能开"空头支票"，要把造福人民作为衡量经济社会协调发展的重要标准，让广大群众实实在在共享改革发展成果，尽力在经济发展过程中为改善民生留出空间，铺平道路。当前，我们要以人民对美好生活的向往为奋斗目标，心里始终装着人民，做到民有所呼、政有所应，用心用情

用力做好为民服务的工作,着力解决好与人民切身利益相关的住房、教育、交通、医疗、生态环境、食品安全等问题,努力使天更蓝,水更清,山更绿,城市更宜居,空气更清新,人民生活更舒适。如此,才能真正把"以人民为中心"刻写在老百姓的获得感、幸福感和安全感之中,使全面小康赢得人民的认可,经受得住时代和历史的检验。

第五章
绿色发展理念的人本意蕴及意义指向

"人民至上"是绿色发展的价值立场,绿色发展不仅体现了人民对美好生活的追求,也体现了对人民切身生活需求的关注和回应,体现了对人民中心地位的尊重和落实。

第一节 绿色发展理念的人本生成逻辑

"以人民为中心"的绿色发展理念及其实践是社会主义文明观的最新理论成果,从绿色发展的历史逻辑、理论逻辑和现实逻辑看,"人"始终是绿色发展的根本价值立场。我们必须从政治高度来深刻认识绿色发展对人的全面自由发展的意义,坚定不移地走绿色发展之路。

一、历史逻辑:中国传统"天人合一"生态智慧的丰厚滋养

中华文明源远流长,积淀了丰富的生态智慧,中国古代生态智慧的哲学基础即为传统"天人合一"的自然观和宇宙观。世界是如何产生的?西方神创论提出,世界是上帝创造的。中国传统哲学认为,天地人和万物是生成的,是自然创造的。如《周易》认为,乾为天,坤为地,"有天地,然后万物生焉"。阴阳二气交感化生万物,万物生生不息,变化无穷。《序卦传》说:"有天地然后有万物,有万物然后有男女,

有男女然后有夫妇,有夫妇然后有父子,有父子然后有君臣,有君臣然后有上下。"这也是对天地衍生万物及人类社会的最早阐述。《道德经》提出:"天下万物生于有,有生于无。"生成万物的根源是"道":"道生一,一生二,二生三,三生万物。"

对于自然的态度,古代先哲们认为要尊重自然界山川草木的生命及其内在价值,顺应其生长规律,要"时限""时禁"或"以时禁发","取物必顺时候",为其生长提供适宜的条件。《礼记·王制》中提出"昆虫未蛰,不以火田,不麛,不卵,不杀胎,不殀夭,不覆巢"。孟子曾给梁惠王建议:"不违农时,谷不可胜食也;数罟不入洿池,鱼鳖不可胜食也;斧斤以时入山林,材木不可胜用也。"(《孟子·梁惠王上》)荀子也强调:"草木荣华滋硕之时,则斧斤不入山林,不夭其生,不绝其长也。"(《荀子·王制》)《吕氏春秋》中写道:"竭泽而渔,岂不获得?而明年无鱼;焚薮而田,岂不获得?而明年无兽。"这些观点都强调人对自然的索取要有一定的限度,这一定程度上确保了人与自然的平衡和协调发展。

中国古代生态智慧还要求人应该主动地"天地立心",使万物尽性。孔子认为天是有德的,人顺应天则有德,若人无德就要"获罪于天,无所祷也"。(《论语·八佾》)《周易》中有"天行健,君子以自强不息""地势坤,君子以厚德载物"的名言,告诫人们应该像天地一样发奋图强、容载万物。《中庸》说:"唯天下至诚,为能尽其性;能尽其性,则能尽人之性;能尽人之性,则能尽物之性;能尽物之性,则可以赞天地之化育;可以赞天地之化育,则可以与天地参矣。"认为只有充分发挥人的天赋本性,才能充分发挥万物的天赋本性。只有充分发挥万物的天赋本性,才能够帮助天地养育万物。这里强调发挥个人的精神力量,来改变和创造世界。

英国学者李约瑟认为:"古代中国人在整个自然界寻求秩序和谐,并将此视为一切人类关系的理想。……对中国人来说自然并不是某种应该永远被意志和暴力征服的具有敌意和邪恶的东西,而更像是一切生命体中最伟大的物体,应该了解它的统治原理,从而使生物能与它和谐共处。如果你愿意的话,可把它称为有机的自然主义。"[①]钱穆先生也曾说过:"'天人合一'思想,是中国文化对人类最大的

---

① 李约瑟.李约瑟文集[M].沈阳:辽宁科学技术出版社,1986:338-339.

贡献。"[①]

总之，我国古代"天人合一"生态智慧是古代传统文化的有机组成部分，它提倡人与自然的和谐、相融和共生，从中"取其精华，弃其糟粕"，对新时代推进生态文明建设具有非常重要的意义。

二、理论逻辑：马克思"人与自然的和解"生态思想的一脉相承

俄国学者弗罗洛夫认为："无论现在的生态环境与马克思当时所处的情况多么不同，马克思对这个问题的理解、他的方法、他的解决社会和自然相互作用问题的观点，在今天仍然是非常现实而有效的。"[②]马克思生态思想在吸收前人理论的基础上，将自己对社会学、经济学等领域的研究融合进去，在揭露生态危机根源的同时，科学提出了人与自然正确的相处方式，并指出了缓和、解决生态问题的科学途径。

马克思运用唯物主义观点，对资本主义社会的生态问题和自然规律进行了分析，今天看来，仍具有前瞻性和预见性。马克思认为，人类是自然界的有机组成部分，二者是辩证统一的关系。一方面，人类本身就是自然界的产物，自然是人类存在、发展的必要前提，人类一切物质生产活动和人类自身的再生产都无法脱离自然。"没有自然界，没有感性的外部世界，工人什么也不能创造。"[③]人类靠自然界生活。另一方面，自然界是人化了的自然界，人类的实践活动无时无刻不在影响着自然界。作为人类最基本的实践活动，劳动的本质就是人类利用劳动资料作用于劳动对象的过程，这一过程也就是人与自然之间物质交换的过程。因此，人类与自然之间是一个相互影响、相互塑造的双向互动过程，人类来源于自然，同时又通过自身的劳动实践创造着属于自身的自然。

马克思认为，生态矛盾本质上是社会矛盾，生态问题的解决必须从社会关系的角度去寻找。在资本主义制度条件下，因为其本身生产方式的作用，人与自然之间

[①] 钱穆.中国文化对人类未来可有的贡献[J].中国文化,1991(1):93-96.
[②] 弗罗洛夫.人的前景[M].北京:中国社会科学出版社,1989:153.
[③] 马克思.1844年经济学哲学手稿[M].北京:人民出版社,2014:48.

存在的冲突和矛盾是无法调和的。资本对剩余价值的无限榨取是资本主义内在的发展动机。而为了榨取更多的剩余价值,资本家势必会向自然界转移部分生产成本,以牺牲环境为代价换取更多利润。所以,在马克思看来,要想实现人与自然的真正意义上的和解,资本主义制度是无法实现的,因为人与自然的对立与矛盾造成的生态危机,是资本主义生产方式必然带来的和自身不可克服的,要最终解决生态危机,只有消灭资本主义制度,在共产主义社会中才能完成。正如马克思在《1844年经济学哲学手稿》中的论述,共产主义"作为完成了的自然主义,等于人道主义,而作为完成了的人道主义,等于自然主义,它是人和自然界之间、人与人之间的矛盾的真正解决"①。

马克思的生态思想也启发我们,社会主义制度虽然缓解了由于生产关系造成的人与人之间的对抗,但这并不代表着利益主体间不存在冲突,市场经济体制的建立更是放大了这种利益冲突,使人与自然关系愈发紧张。所以社会主义生态问题的解决仍需要聚焦在利益关系的协调上,通过缓和社会主体的利益冲突,使人民从共同利益的角度去正视和解决生态危机。

三、现实逻辑:人民对优美生态环境的迫切需求和渴望

作为世界上人口最多的发展中国家,我国自改革开放以来经济得到了迅速发展,在工业化、现代化、城镇化建设的进程中,我国的政治、经济、文化、科技及教育等领域均取得了巨大的进步,但由于新中国成立初,在一穷二白的基础上,我国不得不在工业建设方面选择了优先发展重工业的战略,且由于科技水平不高,在发展过程中不可避免地产生了资源和能源等的巨大浪费,以及环境的严重污染和人均水资源、能源资源、矿产资源锐减等问题,这些问题一直积累至今。与世界其他国家相比,我国的生态问题更多,也更为复杂。如果说人民群众过去是"盼温饱",那么现在则是"盼环保";如果说过去是"求生存",那么现在则是"求生态"。正如习近平总书记所说的:"改革开放以来,我国经济社会发展取得历史性成就,这是值得我们自豪和骄傲的。同时,我们在快速发展中也积累了大量生态环境问题,成为明显

---

① 马克思,恩格斯.马克思恩格斯文集(第1卷)[M].北京:人民出版社,1979:99.

的短板,成为人民群众反映强烈的突出问题。这样的状况,必须下大气力扭转。"①

审视政治与生态环境之间的关系,改善生态环境、增进人民的生态权益既是新时代关系党的使命宗旨的重大政治问题,也是重大政治任务,是关系到社会和谐稳定与国家安全的政治问题。习近平总书记指出"环境就是民生"②,"良好生态环境……是最普惠的民生福祉"③。为改善环境,实现绿色发展,习近平提出"要坚持全国动员、全民动手植树造林"④,使植树造林成为最普惠民生的工程;"要科学布局生产空间、生活空间、生态空间"⑤,使良好的生态环境成为人民生活质量的增长点;"环境治理是一个系统工程,必须作为重大的民生实事紧紧抓在手上"⑥;还要"为人民提供更多优质生态产品,推动形成绿色发展方式和生活方式"⑦,让良好的生态环境成为老百姓健康生活的基础。

当下,我国生态环境质量持续好转,虽然稳中向好的趋势日渐显现,但成效还不稳固。生态文明建设正处于压力叠加、负重前行的关键期,已进入提供更多优质生态产品以满足人民日益增长的优美生态环境需要的攻坚期,也到了有条件有能力解决生态环境突出问题的窗口期。要坚持生态惠民、生态利民、生态为民的原则,不断满足人民日益增长的对优美生态环境的渴望。

---

① 习近平.推动形成绿色发展方式和生活方式 为人民群众创造良好生产生活环境[N].人民日报,2017-05-28(1).
② 习近平张德江俞正声王岐山分别参加全国两会一些团组审议讨论[N].人民日报,2015-03-07(1).
③ 加快国际旅游岛建设 谱写美丽中国海南篇[N].人民日报,2013-04-11(1).
④ 霍小光,罗宇凡.坚持全国动员全民动手植树造林 把建设美丽中国化为人民自觉行动[N].人民日报,2015-04-04(1).
⑤ 抓住机遇立足优势积极作为,系统谋划"十三五"经济社会发展[N].经济日报,2015-05-29(1).
⑥ 习近平北京考察工作:在建设首善之区上不断取得新成绩[N].人民日报,2014-02-27(1).
⑦ 中共中央关于制定国民经济和社会发展第十三个五年规划的建议(二〇一五年十月二十九日中国共产党第十八届中央委员会第五次全体会议通过)[N].人民日报,2015-11-04(1).

第二节　绿色发展理念的人本内涵体系

绿色经济是绿色发展的物质前提、绿色政治是绿色发展的制度保障、绿色文化是绿色发展的精神引领、绿色创新是绿色发展的直接动力,这四个维度有机构成了绿色发展理念的人本内涵系统。

一、绿色经济是绿色发展的物质前提

"绿色经济"一词最早是由英国著名经济学家皮尔斯在1989年出版的《绿色经济蓝皮书》中率先提出的。皮尔斯认为经济发展必须是自然环境和人类自身可以承受的,不会因盲目追求生产增长而造成社会分裂和生态危机,不会因为资源耗竭、环境污染而使经济无法持续发展,主张从社会及其生态条件出发,建立一种"可承受的经济"。绿色经济发展模式主要指以传统经济发展为基础进行模式创新,建立一种在生态环境容量及资源承载力适度的条件下,将环境保护作为实现协调发展重要支柱的一种新型发展模式。

新中国成立以来,由于工业基础薄弱,科学技术落后于人,我国产业规划存在一定缺陷,产业结构不尽合理。虽然改革开放后,吸引了诸多外国企业到中国建厂,中国已然成为"世界工厂",但在工业产业链条中中国往往属于人力输出方,而非技术输出方,工业污染非常严重。这种以牺牲环境为代价的粗放型经济增长模式,虽然换来了经济的高速发展,但同时使得我国生态系统面临危机,并带来了一系列严重的生态环境问题。

长期以来,我国经济发展中的环境污染问题异常严重,环境污染日益突出,已影响到人们正常生活,甚至影响到身体健康。发展绿色经济是时代的需要,也是经济可持续发展的必然,体现了人民群众对美丽中国的渴望。进行绿色发展的最终目的是让大众享受到绿色福利,这主要包括安全性福利、适宜性福利、可持续性福

利三个部分①。

要缓解工业污染,必须积极发展绿色经济,优化产业结构。发展绿色经济,要把自然资源的可持续性和可再生速率作为发展的前提,充分利用绿色技术创新这一发展的新手段,以转变思想观念、加强法律保障、完善制度建设为关键着力点,大力培养以绿色经济为核心的经济增长点,以使我国的绿色经济向着产业化的方向大步迈进,实现经济的良性健康发展。

二、绿色政治是绿色发展的制度保障

20世纪六七十年代,生态环境的恶化成为西方资本主义国家关注的焦点,并由此发起了一场"绿色政治"的新兴政治思潮。到了80年代,绿党及各种国际生态保护组织如雨后春笋般涌现,这些生态保护组织纷纷以实际行动参与生态环境保护,"绿色政治"运动由此逐步扩展到全球。

绿色政治理论肇始于环保主义者们呼吁生态保护、反对环境污染,伴随着"绿色政治"运动日渐深入的开展,其行动目标不再限定于生态环境保护,而是走向了更广阔的空间。为了争取一个绿色安全的生存环境,为了子孙后代的可持续发展,世界和平、促进维护妇女权益和提高妇女经济地位及反对暴力等也都纳入了它的行动主题。也就是说,绿色政治理论的问世使人类开始重新审视人与自然的关系,开始重新审视自然与经济、政治、社会、文化等的关系,人类在认识世界时有了新的价值选择。可以说,绿色政治本质上是关系到未来的政治形态。

有学者认为,绿色政治是"当代资本主义经济所导致的经济结构和社会结构从工业社会向后工业社会转化,以及由此引起的政治观念和价值取向发生变化的结果;是对传统物质主义支配下的经济发展模式给全球生态系统造成严重破坏的反映;是新的社会力量和政治要求与传统政治主题和政治制度发生冲突的结果"②。

绿色政治发展是绿色发展的制度保障。党的十八大以来,以习近平同志为核心的党中央把严肃党内政治生活、净化党内政治生态置于更为突出的地位来抓。

---

① 廖五州.发展绿色经济,打造"美丽中国"[J].人民论坛,2017(12):68-69.
② 刘东国.绿党政治[M].上海:上海社会科学院出版社,2002:2.

"以用人环境的风清气正促进政治生态的山清水秀。"①要求加快国家治理能力现代化,创设良好从政环境,达到一种生态清明的政治境界。绿色政治生态会凝聚绿色社会共识,对促进社会生产力的发展起到积极作用,这虽然是一个需要统筹推进的、相对缓慢的系统工程,但是却意义深远。

三、绿色文化是绿色发展的精神引领

绿色是大自然的主体颜色,在中国传统文化中具有"生命"意蕴,绿色象征着青春,也代表着欣欣向荣。现代社会,绿色也代表和平与友善之意。绿色文化是传统文化与现代理念有机结合的产物,代表了当代人对生态文明认知的新高度。有学者认为,"绿色文化是以生态科学和可持续发展理论作为思想基础的新兴文化,是倡导人与自然和谐相处的思想体系,是人们根据生态关系的需要,通过开发绿色技术,有效地解决人与自然关系问题所反映出来的思想观念的总和"②。可以说,绿色文化蕴含着保护环境、节约资源、人与自然和谐共生等先进理念,体现了我国生态文明建设的发展目标和发展规划。相较于传统发展模式,绿色发展模式中的生产力、生产要素、经济评价方式,特别是"人"的地位等方面的内涵都更为深刻。

放眼世界,欧美等发达国家多走过了"先污染后治理"的"黑色"工业化道路,在与自然的长期斗争中,人类终于回归到"人是自然界的产物"这一本真认识。今天,人与自然已成为生存发展的命运共同体,绿色文化展现出人类主动关注生态、生命、环保的自觉意识,代表了新时代党对生态文明认知的新高度。当下,一场绿色文化觉醒运动正在悄然兴起,回归自然,走一条与自然相互协调、共同繁荣的可持续发展的绿色现代化道路,以"绿色"文明代之以工业主义的"黑色"文明成为世界多数国家毅然决然的选择。我们相信,绿色发展代表了当今世界的时代潮流,绿色发展是我国未来的发展方向,只有借助绿色文化,绿色发展才能引领人民走向伟大复兴的中国梦。未来,我们要以绿色文化为精神动力,在全社会树立一种人与人、人与自然相互协调、和谐共进的文明发展观。

---

① 习近平.习近平谈治国理政(第二卷)[M].北京:外文出版社,2017:182.
② 秦书生.绿色文化与绿色技术创新[J].科技与管理,2006(6):136-138.

四、绿色创新是绿色发展的直接动力

绿色发展的本质是发展,发展的靓丽底色是绿色。作为新发展理念中的基础性发展理念,绿色发展理念是未来发展的目标、方向、原则及基本遵循。当下,中国正面临着生态环境保护怎样与生产力发展有机统一、"绿水青山"怎样转变为"金山银山"的困惑与期待。生产力是辨别与考量一个社会发展动力的试金石,今天,创新已然成为引领中国绿色发展的第一动力。抓创新就是抓发展,谋创新就是谋未来。要想解决好发展中深层次的矛盾和问题,关键是要靠科技力量,根本出路在于创新。在贯彻落实创新驱动发展战略,不断提高自主创新能力,建设创新型国家的今天,我们提出并实施绿色创新就显得尤为必要。绿色创新作为创新驱动和绿色发展两大国家发展战略的结合点,因兼顾"绿色"与"创新"两大发展理念,必将成为我国绿色转型发展的关键引擎和重要选择。我们要不断推进绿色发展与创新发展的深度融合,发展中国特色绿色创新经济,实现经济与环境协调、美丽与发展共赢。

绿色创新通常也被称为"环境创新""生态创新"或者"可持续创新"。作为一种新的技术创新范式,其主要内涵为能够减少对环境的不利影响、提升环境绩效的创新活动[1]。可以说,创新的新颖性、价值性以及环境改善的有效性是其内涵的核心要素。有别于西方的绿色创新,中国的绿色创新遵循了"以人民为中心"的发展思路,立足于我国仍处于社会主义初级阶段的基本国情,从分析我国产业结构的实际出发,具有鲜明的中国特色。

绿色创新是一个复杂的技术过程,注重资源配置和组织创新,需要强化顶层设计和系统布局。绿色创新是实现经济高质量发展的重要推动力量,但需要一定的分工水平与之相匹配,低等分工水平会显著抑制经济高质量发展,只有将分工提高到较高水平,才能发挥绿色创新的最大作用,更有利于实现经济高质量发展[2]。今后要将绿色创新纳入我国资源型经济转型发展战略中去,在深化分工提升经济发展质量的过程中,大力发挥绿色创新的促进作用,用绿色创新战略引导资源型经济转型发展。

---

[1] 张钢,张小军.国外绿色创新研究脉络梳理与展望[J].外国经济与管理,2011,33(8):25-32.
[2] 彭文斌,文泽宙.绿色创新与中国经济高质量发展[J].江汉论坛,2019(9):36-43.

第三节　绿色发展理念的人本价值

坚持绿色发展,让绿色富国、绿色惠民深植人心,为构筑人与自然生命共同体提供中国智慧,是党对发展道路和发展方向的精准把握,也是绿色发展理念的价值追求。

一、绿色惠民:把环境治理作为重大民生,全力打造美丽中国和绿色家园

从人类社会历史发展的视角看,绿色发展是普惠民生的发展。中国特色社会主义进入新时代,社会主要矛盾由"人民日益增长的物质文化需要同落后社会生产之间的矛盾"转化为"人民日益增长的美好生活需要同不平衡不充分的发展之间的矛盾",这也客观要求推动发展理念的革新与形成新的发展方式。而人民对于"绿色需求"的日益增加与社会生产同生态环境的"绿色供给"愈发不足之间的矛盾则是新时代社会主要矛盾的突出表现[①]。

党的十八大以来,习近平总书记在深入把握国内外大势的基础上,继承并发扬了之前党的领导人不断满足人民生态环境需求的优良执政品质,在不同场合强调绿色发展对于促进、实现人的全面自由发展的重要性。自2013年以来,习近平总书记每年都会身体力行,与人民群众一起参与首都义务植树,他种下的既是树苗,也是生态文明的希望;浇灌的既是土壤,也是美丽中国的梦想。习近平总书记特别重视绿色发展对提升人民生活质量的重要意义,并提出了一系列"绿色惠民"的价值理念,如"人民群众对环境问题高度关注,可以说生态环境在群众生活幸福指数中的地位必然会不断凸显"[②]。把植树造林打造为最普惠民生的工程,"开展全民

---

① 朱东波.习近平绿色发展理念:思想基础、内涵体系与时代价值[J].经济学家,2020(3):5-15.
② 中共中央文献研究室.习近平关于社会主义生态文明建设论述摘编[M].北京:中央文献出版社,2017:83.

义务植树是推进国土绿化的有效途径,是传播生态文明理念的重要载体"①。习近平总书记还指出:"我们要利用倒逼机制,顺势而为,把生态文明建设放到更加突出的位置。这也是民意所在。人民群众不是对国内生产总值增长速度不满,而是对生态环境不好有更多不满。我们一定要取舍,到底要什么?从老百姓满意不满意、答应不答应出发,生态环境非常重要;从改善民生的着力点看,也是这点最重要。我们提出转变经济发展方式,老百姓想法也是一致的,为什么还扭着干?所以,我想,有关方面有必要采取一次有重点、有力度、有成效的环境整治行动,在这方面也要搞顶层设计。"②使良好的生态环境成为健康生活的前提和保障,"青山就是美丽,蓝天也是幸福"③。这些绿色发展的观点,其出发点都是满足人民对绿色产品的需求和对美好生活的追求。

绿色发展理念源于坚持人民主体地位。"坚持人民主体地位"是党的十八届五中全会强调的如期实现全面建成小康社会奋斗目标、推动经济社会持续健康发展必须遵循的原则。习近平总书记指出,"生态环境保护是功在当代、利在千秋的事业"④,必须清醒认识到当前保护生态环境、治理环境污染的紧迫性和艰巨性,清醒认识加强生态文明建设的必要性和重要性,要把环境治理作为重大民生,以对人民高度负责的态度,为人民创造良好生产生活环境,全力打造美丽中国和绿色家园。

二、绿色富国:视共享绿色福利为根本目的,为实现中国梦提供生态保障

实现中华民族伟大复兴的中国梦,是全体中华儿女的共同心愿,也是全国各族人民的共同目标。中国梦的实现,需要以绿色发展作为保障,需要以高度发展的生态文明作为支撑。只有对生态问题给予足够的关心和重视,自觉地推动绿色、循

---

① 曹立,郭兆晖.讲述生态文明的中国故事[M].北京:人民出版社,2020:15.
② 中共中央文献研究室.习近平关于社会主义生态文明建设论述摘编[M].北京:中央文献出版社,2017:83.
③ 中共中央文献研究室.习近平关于社会主义生态文明建设论述摘编[M].北京:中央文献出版社,2017:8.
④ 中共中央文献研究室.习近平关于社会主义生态文明建设论述摘编[M].北京:中央文献出版社,2017:7.

环、低碳发展,才能体现党对人民、子孙后代和未来负责的发展态度,才能保住中华民族振兴和崛起的"根"与"魂",最终实现生态更好、人民更幸福的共同愿望。离开了绿色发展,国家的强盛和民族的复兴将成为空谈。党的十八大以来,以习近平同志为核心的党中央把生态文明建设摆在改革发展和现代化建设全局位置,"绿色发展"作为发展理念被写进国家发展战略,体现了我国发展理念的深刻变革,这是马克思主义的生态文明理论在当下中国的创新发展,反映了党对实现中华民族伟大复兴和永续发展的深谋远虑,为党带领全国人民进行生态文明建设新实践、谱写人与自然和谐发展新篇章提供了行动指南,注入了强劲动力。

"让山川林木葱郁,让大地遍染绿色,让天空湛蓝清新,让河湖鱼翔浅底,让草原牧歌欢唱……"这是建设美丽中国的动人蓝图,优美、清洁的自然环境是人民群众幸福感和获得感得以提升的重要泉源,代表了人民群众最热烈的渴盼,也是实现中华民族永续发展的根本要求。为此,习近平总书记提出了很多著名的关于生态文明的最新论断。2003 年,习近平总书记在《生态兴则文明兴》一文中提出了"生态兴则文明兴,生态衰则文明衰"的著名论断。2004 年,在《既要 GDP,又要绿色 GDP》一文中,习近平总书记提出"既要 GDP,又要绿色 GDP",要眼前利益和长远利益统筹兼顾,推进协调发展。2005 年在《绿水青山就是金山银山》一文中,习近平总书记提出了著名的"两山论",指出了绿水青山和金山银山的辩证关系,要求把握发展新机遇、开创发展新境界、共享绿色发展新福利。

绿色发展理念关乎美丽中国的建设,关乎人民群众的切身利益,关乎子孙后代的永续发展。因此,践行绿色发展理念是实现伟大中国梦的重要生态保障。绿色发展从我国经济发展的角度看,同样是一个经济上的转型升级梦。保护与发展并不矛盾,绿色发展理念从根本上打破了发展和保护相对立的思维困境,更新了我们对自然资源的传统认识,指明了实现发展和保护内在统一、相互促进和协调共生的方法论,让"绿水青山"与"金山银山"和谐共生,最根本的是走出一条生态优先、绿色发展的新路子,积极探索把绿水青山转化为金山银山的新路径,让自然财富、生态财富源源不断地转化为社会财富、经济财富,为实现伟大复兴中国梦固根基。

三、绿色承诺:凝聚全球力量,为构筑人与自然生命共同体提供中国智慧

放眼世界,各个国家在向自然索取的过程中,所创造的物质财富属于自己,而造成的生态环境问题却属于全人类。通观国际社会对生态问题的态度,一些国家甚至是欧美等发达国家往往对生态问题或麻木不仁,或寄希望于他人,可以说,全球范围内的生态环境问题有增无减。有数据证明,从1900年到2005年的105年间,发达国家的人均碳排放量是发展中国家的7.54倍,正是发达国家在发展经济过程中长期排放的温室气体积累了生态环境问题。

在经济全球化的大背景下,呼吁全球生态治理势在必行。因为发达国家和发展中国家所处发展阶段不同,在发展的各个方面,中国依然存在着诸多的不足之处,我国仍是世界上最大的发展中国家,任何国家都有平等的生存权和发展权,因此,我们本不应该与西方发达国家对等比较,更不应该承担发达国家理应承担的责任和义务,所以遵循"共同但有区别的责任"原则才是推进全球绿色治理的基本原则。但是事实上,近年来,中国在国际舞台上的出现越来越频繁,承担的国际责任和国际事务也日趋复杂,中国对世界经济发展所作出的贡献,对世界环境保护所作出的贡献有目共睹。绿色发展理念的提出,就是党决心推动经济与生态协调发展的这一重大决定的彰显,反映了中国作为负责任的大国在解决全球生态问题上的使命意识和责任担当。习近平总书记指出:"应对全球气候变化关乎各国共同利益,地球安危各国有责。"[1]

今天,应该是人类有能力、有责任、有条件与自然和谐相处的生态文明时代。绿色发展理念以全球性视野、发展性眼光来辩证地审视经济和环境的兼容性问题,为全球环境治理提供了中国智慧与中国方案。无论哪一项事业,只有加上社会制度的底色,才有可能获得它在社会生活及发展理念中的主体地位;只有纳入国家战略层面,才能获得兑现的实践保障。党的十九大报告指出,中国应"引导应对气候

---

[1] 习近平.携手推进亚洲绿色发展和可持续发展:在博鳌亚洲论坛2010年年会开幕式上的演讲(2010年4月10日)[N].人民日报,2010-04-11(1).

变化国际合作,成为全球生态文明建设的重要参与者、贡献者、引领者",强调"建设美丽中国,为人民创造良好生产生活环境,为全球生态安全作出贡献"①。在中国特色社会主义"五位一体"总布局和建设"美丽中国"的目标中,生态文明建设被置于社会制度和国家目标的本体地位。这是当今世界任何一个国家都无法与之相提并论的。当下,中国正凝聚全球力量,以对自己最严格的生态环境保护制度,推进人类史无前例的生态文明体制革命,为构筑人与自然生命共同体提供中国智慧。相信,中国方案、中国行动和中国担当必将引领世界走向一个崭新的生态文明时代。

第四节　绿色发展理念的人本推进路向

绿色发展作为新的经济增长和社会发展方式是以人本为核心价值,以效率、和谐、持续为目标的。只有将绿色发展理念融入当下的经济、社会和文化等领域的发展实践之中,才能真正地实现绿色发展理念的实践价值。

一、构筑个人生活方式的绿色化

习近平总书记在党的十九大报告中指出,推进绿色发展要"倡导简约适度、绿色低碳的生活方式,反对奢侈浪费和不合理消费,开展创建节约型机关、绿色家庭、绿色学校、绿色社区和绿色出行等行动"②。牢固树立和深入践行绿色发展理念的最根本的依靠力量是人民。绿色发展需要人人参与、人人建设,只有充分发挥人民群众的主动性和创造性,集民智、汇民力,使生活方式的"绿色化"在每一个人的内心深处生根发芽,并落实到每个人的行动中,才能为推动绿色发展提供持续的正能量,才能时时看得见山,望得见水,记得住乡愁。今天,由于我国对建设生态文明的

---

① 习近平.决胜全面建成小康社会　夺取新时代中国特色社会主义伟大胜利——在中国共产党第十九次全国代表大会上的报告[N].人民日报,2017-10-28(1).

② 习近平.决胜全面建成小康社会　夺取新时代中国特色社会主义伟大胜利——在中国共产党第十九次全国代表大会上的报告[N].人民日报,2017-10-28(1).

倡导以及环境问题的日益严峻,全体人民的生态参与意识及热情已经被极大地激发,我们需充分利用这一良好条件,从"知"与"行"两个维度加强引导,以进一步提升人民深入践行绿色发展理念的水平。

首先,要倡导绿色消费模式,在衣、食、住、行、游等方面向绿色方式转变。反对铺张浪费、毫无节制、享乐至上的生活,要培养节约理念,树立环保意识。自觉遏制过度消费,杜绝攀比式消费、炫耀式消费、跟风式消费,提倡节约消费、适度消费、文明消费、健康消费等理性的消费方式[1]。杜绝高开支、高能量、高消耗、高浪费的生活方式,尽量多使用低碳环保、可循环、可降解的商品,杜绝过分包装的产品。力求使每一个人成为勤俭节约的个体,倡导珍爱自然的生活方式与精简质朴的消费方式。在出行方面,公民要尽量选择既健康又环保的绿色出行方式,如充分利用公共交通设施或者骑车、步行等,以减少尾气排放,保护环境。行为习惯的绿色化也应该成为每个个体的行为指南,比如使用再生材料产品,支持垃圾分类,节约一张纸、一度电、一滴水、一粒米等。要树立人人、事事、时时崇尚生态文明的社会新风尚。

此外,还要强化绿色教育,增强全民环保意识、生态意识和节约意识,在全社会树立尊重自然、顺应自然、保护自然的生态文明理念。因为从悲观的生存危机论向乐观的生态与经济共生论,从补救性生态治理向预防性生态治理、创造性生态建设的范式转型,不仅是绿色发展的经济伦理,也是绿色发展的消费伦理,而环境友好型、生活美好型的绿色消费文化观既是企业消费文化的导向,又是社会和个人消费文化的导向[2]。

二、推进企业生产方式的绿色化

生态环境问题归根结底是由不合理的资源开发利用方式和生产、生活方式造成的。传统观念认为,工业化和绿色发展二者之间的矛盾是无法调和的,企业随着工业化进程持续扩大生产规模,走粗放型经济增长的路子,仅靠增加生产要素的投放量来获取经营利润,一味追求经济利益最大化,其结果不仅大量消耗了自然环境

---

[1] 汪慧英.论绿色发展的哲学意蕴与实践路径[J].商业经济,2020(9):135-137.
[2] 邹晓燕.绿色发展及其实践路径[J].北京交通大学学报(社会科学版),2014,13(3):97-101.

资源,而且导致废弃液体、气体、固体等污染物向自然过度排放,从而导致自然的承载力不断逼近临界点,资源匮乏与环境污染等现象屡见不鲜。

产业结构与生产方式"绿色化"在推进生态文明建设的征途中具有决定性意义。所以必须推动生产方式的绿色化,把发展绿色经济、推进产业结构调整和转型升级,作为转变经济发展方式、加快经济高质量发展的重要举措。企业既是我国社会财富的主要创造者,也是环境资源的主要消耗者、环境污染的承担者,同时也是产业结构与生产方式转化的主体,从本质上说,企业的生产经营活动在很大程度上影响着牢固树立和深入践行绿色发展新理念的成效。从企业角度看,保护生态既是责任和义务,同时也有利于企业自身的健康和长远发展。

推进产业结构与生产方式绿色化的核心内容是形成发达的绿色产业体系。习近平指出:"加快构建科学适度有序的国土空间布局体系、绿色循环低碳发展的产业体系。"[1]党的十九大报告进一步强调,推进绿色发展要"壮大节能环保产业、清洁生产产业、清洁能源产业"[2]。要加快发展绿色产业,大幅提升绿色经济占比,构建科技含量高、资源消耗低、环境污染少的产业结构和生产方式,以形成经济社会发展的新的增长点。这是建设美丽中国的必然要求,也是我国经济高质量发展的必然选择。

从技术层面看,企业要以大力发展生态化技术创新为契机,提升科技对可持续发展的支撑和引领能力。生态技术是指"遵循生态学原理和生态经济规律,能够保护环境,维持生态平衡,节约能源、资源,促进人类与自然和谐发展的一切有效用的手段与方法"[3]。今后,还要加强我国生态化技术自主创新能力,增强企业创新活力,注意产学研的紧密结合,进一步健全评价、激励机制。只有不断提高生态化技术自主创新能力和成果转化水平,才能为建设美丽中国提供强大支撑。

---

[1] 习近平.推动形成绿色发展方式和生活方式 为人民群众创造良好生产生活环境[N].人民日报,2017-05-28(1).

[2] 习近平.决胜全面建成小康社会 夺取新时代中国特色社会主义伟大胜利——在中国共产党第十九次全国代表大会上的报告[N].人民日报,2017-10-28(1).

[3] 秦书生.生态技术论[M].沈阳:东北大学出版社,2009:16.

三、建构政府执政方式的绿色化

绿色发展虽然要考虑技术、经济等问题,但首先要考量的是"要什么样的发展,如何发展,为谁发展"的伦理学问题,这也是绿色发展的价值目标定位问题。绿色政府建设必须努力化解环境治理失责的危机,树立清正廉洁、关怀众生的绿色政府价值观,将保护生态环境置于政府执政与行政的重要地位①。

公共政策是政府对社会资源配置的最重要手段,其合理性与公正性直接影响到社会秩序安定与公民生活计划,也创造或消解着社会发展动力②。作为"最普惠的民生福祉",良好的生态环境离不开政府部门的积极作为,因为"环境问题并不是环境本身的问题,从深层次看,是与执政理念和行政的宗旨理念、方针政策、制度安排、价值导向等密切相关的政治问题"③。

新时代,我们应该告别以往的黑色、灰色发展模式,努力彰显绿色执政理念引领下的绿色发展的理论优势、制度优势和实践优势,在新一轮全球性产业绿色发展的浪潮中促进绿色执政理念的落地和绿色经济的转型,以顺利走上生活富裕、生态良好的可持续的绿色发展道路。

构建政府执政方式的绿色化,首先要完善相关法律制度。奉法者强则国强,奉法者弱则国弱。习近平总书记指出,"只有实行最严格的制度、最严密的法治,才能为生态文明建设提供可靠保障""让制度成为刚性的约束和不可触碰的高压线"④。以往我国生态环境保护中存在的突出问题大多同体制不健全、制度不严格、法治不严密、执行不到位、惩处不得力有关。要想促进生态文明发展,法律制度就必须成为刚性的约束和不可碰触的高压线。因此,要保持加强生态文明建设的战略定力,就必须对那些破坏生态环境造成严重后果的行为严格追究责任,要把制度的刚性和权威牢固树立起来。

其次,要通过政策加强对环境保护的支持和引导。各级政府应高度负责任的

---

① 薛勇民,曹满玉.论绿色发展理念蕴含的生态实践智慧[J].马克思主义研究,2018(3):116-123.
② 谢金林.公共政策的伦理基础[M].长沙:湖南大学出版社,2008:2.
③ 方世南.领悟绿色发展理念亟待拓展五大视野[J].学习论坛,2016,32(4):38-42.
④ 习近平.推动我国生态文明建设迈上新台阶[J].奋斗,2019(3):1-16.

态度把绿色发展列入重要议事日程。要充分发挥政策对绿色发展的引领作用,加强组织领导、监督检查和舆论宣传,营造一个公平的市场竞争环境。要强化企业的市场主体地位,培育一批环保方面的创新企业和人才,发展环保产业,形成有效的激励、约束机制。要树立绿色的政绩观,从以往的"以发展速度论短长""以GDP多少论英雄",向绿色发展政绩观转变,将绿色发展理念贯穿于各项工作之中。此外,还要健全领导干部生态考核评价与责任追究制度,使领导干部深刻意识履行生态责任的重要意义。引导领导干部以绿色发展为价值导向,形成正确施政决策和纲领,对只顾经济发展无视生态利益换取政绩、不履行或消极履行环境职责、因环境失职渎职造成严重生态后果的领导干部追究责任[①]。

再次,政府还要加大对绿色发展的财政支持力度。各级政府要建立持续、稳定的财政支持绿色发展的投入增长机制,加大绿色制造业扶持力度,要在强化财政引导、降低税负成本等方面发力,通过资金、税收助力绿色产业,综合施策助推企业的绿色发展。

---

① 秦书生,胡楠.中国绿色发展理念的理论意蕴与实践路径[J].东北大学学报(社会科学版),2017,19(6):631-636.

第六章

开放发展理念的人本意蕴及意义指向

"对外开放"作为我国的一项基本国策,在过去的四十多年里,以举世瞩目的成绩向世界印证了这项战略决策的科学性。党的十八届五中全会做出"开放是国家繁荣发展的必由之路"的科学论断,习近平总书记再次强调坚持对外开放的战略意义,并向世界宣告"中国开放的大门永远不会关上"。当下,面临百年未有之大变局,党中央提出了开放发展理念,这必将有力推进我国对外开放的伟大实践。

第一节 开放发展理念提出的逻辑必然

对外开放一直是我国的基本国策,党的十一届三中全会以来,我国的发展成就主要得益于对外开放。因此,与"对外开放"一脉相承的开放发展理念的提出并非一时兴起,而是基于理论、历史和时代的综合审度和评判。满足十四亿人民美好生活的需要,则是其矢志不渝的价值追求。

一、开放发展理念的理论之基

近年来,随着逆全球化与反全球化势头的出现,人们对全球化的走势表现出一定程度的担忧:全球化究竟是一时现象,还是人类历史发展的必然?开放发展未来是否行得通?实际上,早在一百多年前,马克思、恩格斯两位无产阶级导师就给出了明确的答案。他们在《德意志意识形态》《共产党宣言》及《资本论》等经典文献中阐述的"世界历史"理论,科学揭示了历史由"地域性历史"转向"世界历史"的发展规律。由此,也奠定了开放发展的理论之基。

资本主义大工业生产被马克思视为"世界历史"的现实开端。随着工业革命的横空出世,欧洲各国家开始不断推进资本主义的生产方式,这极大地提高了劳动生产率,促进了社会生产力的加速发展。资本家从机器大工业的发展中获得了巨大的利润,为了追求更多的利润,资本家势必会不断地扩大商品销售市场和原料产地。因此,马克思提出,"世界历史"首先表现为由资产阶级推动和主导的资本的全球化,是资本主义发展的结果和条件的必然统一。"不断扩大产品的销路的需要,驱使资产阶级奔走于全球各地。它必须到处落户,到处开发,到处建立联系。"①"世界历史"是人类社会分工扩大的内在需求,是人类历史在新的发展阶段上呈现出的必然结果。其发展进程打破了之前各个民族、各个国家之间交往不发达和彼此隔绝的状况,使各个民族各个国家的普遍交往成为必然,从而加速了整个世界一体化的进程,并将伴随人类社会历史发展的不断拓展和深化。"各个相互影响的活动范围在这个发展进程中越是扩大,各民族的原始状态由于日益完善的生产方式、交往,以及因交往而形成的不同民族之间的分工消灭得越是彻底,历史也就越是成为世界历史。"②

在这一彼此影响、相互促进的过程中,逐渐形成了人的全面自由发展的双重条件,即生产力的充分发展和人与人之间生产关系的全面发展。这正如马克思恩格斯在《德意志意识形态》中所指出的那样:"共产主义……是以生产力的普遍发展和与此相联系的世界交往为前提的。"③在共产主义的形成发展史中,"每一民族都依赖于其他民族的变革;最后,地域性的个人为世界历史性的、经验上普遍的个人所代替"④。

虽然在其文献中马克思并未直接使用"经济全球化"这一概念,但毫无疑问,其

---

① 马克思,恩格斯.马克思恩格斯选集(第1卷)[M].北京:人民出版社,1995:276.
② 马克思,恩格斯.马克思恩格斯选集(第1卷)[M].北京:人民出版社,2012:169.
③ 马克思,恩格斯.马克思恩格斯选集(第1卷)[M].北京:人民出版社,1995:86.
④ 马克思,恩格斯.马克思恩格斯选集(第1卷)[M].北京:人民出版社,1995:86.

"世界历史"理论中包含了极为丰富的关于经济全球化的思想和深远洞见,这也为我们研究开放发展相关理论奠定了现实前提和理论基础。正如习近平总书记所强调的:"《共产党宣言》指出:'资产阶级,由于开拓了世界市场,使一切国家的生产和消费都成为世界性的了。'马克思、恩格斯的这些洞见和论述,深刻揭示了经济全球化的本质、逻辑、过程,奠定了我们今天认识经济全球化的理论基础。"①

二、开放发展理念的历史之源

中国共产党人继承了马克思恩格斯思想的"世界历史"思想,并在此基础上,结合中国的具体国情,始终坚持"独立自主、自力更生"的基本原则,发展成为一系列独具中国特色的对外开放理论。

毛泽东作为新中国对外开放事业的奠基人,他的对外开放思想历经民主革命、新中国的成立和发展,是一个动态的发展过程,也是党和国家的宝贵思想财富。因为各种主、客观条件限制,他的"对外开放"思想只是一个总体的构想,并没有完全变成现实。但是,他的关于"对外开放"的思想理论是非常丰富的,这也为之后党的领导集体制定对外开放政策指明了方向。政治上,毛泽东主张"以俄为师",同时要积极借鉴西方资本主义国家的经验。经济上,毛泽东主张积极开展对外经贸关系,学习国外的先进科学技术和管理经验等;面对资金短缺的问题,毛泽东开始思考吸收和利用外资的具体路径。文化上,提出了"以我为主、洋为中用"的观点,提出要批判地吸收世界先进文化。毛泽东对外开放的目的是利用一切可以利用的条件,为建设社会主义服务②。但由于当时帝国主义对我国的封锁,加之我们对阶级斗争的过分强调,导致当时对外开放思想和实践都没有得到充分展开。

1978 年党的十一届三中全会以后,以邓小平为核心的党中央基于对国内外大势的科学判断,提出了把工作重心转移到经济建设上来。顺应全球化的国际潮流,从基本国策的角度确定了"改革开放"的总方针,明确提出要在积极引进国外先进技术、学习国外先进管理方法、充分利用外资的基础上,敢于进入国际市场。与毛

---

① 习近平.习近平谈治国理政(第二卷)[M].北京:外文出版社,2017:210-211.
② 敬贵竹,武晓铮.毛泽东对外开放思想及其当代价值[J].中国农村教育,2020(6):47-49.

泽东相比,邓小平时代的对外开放环境更为成熟,这也使党的对外开放政策的制定能够更加务实,从而开启了一个全方位、多层次、多渠道的对外开放的新时代。

以江泽民为核心的党中央,一方面继承了邓小平的对外开放思想,另一方面又从世界多极化、经济全球化趋势日渐明显的国际大势和我国日新月异的社会主义建设实践出发,高瞻远瞩地提出了"进一步扩大对外开放,全面提高对外开放水平"的思想。党的十五大报告指出:"面对经济、科技全球化趋势,我们要以更加积极的姿态走向世界,完善全方位、多层次、宽领域的对外开放格局,发展开放型经济,增强国际竞争力,促进经济结构优化和国民经济素质提高。"①这就要求以更加宽广的世界眼光着力提高对外开放水平,加快转变对外贸易增长方式,继续积极有效地利用外资,支持有条件的企业走出去,实施互利共赢的开放战略。

以胡锦涛为核心的党中央在中共中央政治局第四十四次集体学习时提出,"在新的历史起点上继续扩大对外开放,必须围绕实现全面建设小康社会的宏伟目标,统筹国内发展和对外开放,坚持'引进来'和'走出去'相结合,在坚持扩大内需方针的同时,坚持互利共赢的开放战略,拓展对外开放的广度和深度,增强参与经济全球化和维护国家经济安全的能力,形成参与国际经济合作和竞争新优势,全面提高开放型经济水平"。可以说,对外开放已成为"全面建成小康社会"的一个成功之道。

总之,开放发展既是对我国历史发展经验教训的总结,也是经济全球化的必然要求,此前领导人的理论探索和经验总结,是开放发展理念的历史之源。

三、开放发展理念的时代之势

习近平总书记曾说过,"一个国家能不能富强,一个民族能不能振兴,最重要的就是看这个国家、这个民族能不能顺应时代潮流,掌握历史前进的主动权"②。"开放发展"理念虽然是在2015年党的十八届五中全会上被提出的,但实际上关于这一理论的现实实践早已在中华大地上铺展开来。改革开放后,尤其是我国2001年

---

① 江泽民.江泽民文选(第2卷)[M].北京:人民出版社,2006:26-27.
② 习近平.习近平谈治国理政(第二卷)[M].北京:外文出版社,2017:210.

加入世界贸易组织之后,中国经济与世界经济逐渐融为一体,全方位、多层次、宽领域的对外开放格局基本成型,同时也为世界经济发展作出了卓越贡献。

今天,我国已成为世界经济第二大国、货物贸易第一大国、外汇储备第一大国、服务贸易第二大国、使用外资第二大国、对外投资第二大国。作为世界第二大经济体,中国经济已经与世界经济高度融合,中国发展离不开世界,世界发展也需要中国,中国的发展意味着世界巨大的机遇。中国与外部世界已经成为同呼吸、共命运的利益共同体,坚持开放发展是中国的必然选择。

虽然全球化一直被广泛地认为是全球经济发展大势和经济增长的发动机,引领全球化被一些大国视为引以自傲的国际担当,主动融入全球化被一些发展中国家视为加快国民经济发展的战略选择。然而,全球化也是一把"双刃剑",全球化的负面影响也成为逆全球化思潮的诱发因素。不得不清醒地看到,随着近年来全球经济一体化进程的不断深化,全球化过程中的一些深层矛盾也日渐显现,以美英为代表的发达国家民粹主义右翼势力利用普通民众在全球化进程中并未获益的事实和不满情绪乘势掀起新一轮逆全球化思潮。

当前的"逆全球化"只是全球化发展的一个阶段性特征,它不可能改变全球化的总趋势。全球化总体向前的趋势是客观的,但在全球化推进过程中人为地进行意识形态构建,或强行将全球化打造成某种国家化则使全球化主观化。美英等发达资本主义国家将全球化作为实现本国利益的工具,要么虚伪推进,要么任性操纵,当前的"逆全球化"是其无视全球化客观性、狭隘自私的表现[①]。就中国而言,"逆全球化"既是挑战,更是机遇。面对"逆全球化"浪潮的冲击和影响,作为全球最大的发展中国家,中国应顺历史潮流而动,中国将继续加大开放发展的步伐,中国与世界同行的脚步绝不会停止。

---

① 张超颖."逆全球化"的背后:新自由主义的危机及其批判[J].当代经济研究,2019(3):66-72.

第二节　开放发展理念的哲学气质

从马克思主义哲学视角看,开放发展理念体现了历史继承性与现实开创性的有机统一、经济权益与政治定力的互促互进、人民性与民族性的融合贯通、中国梦与世界梦的交相辉映。

一、历史继承性与现实开创性的有机统一

开放发展理念是在对外开放思想的基础上发展形成的,是对开放思想的继承、延续和开拓创新。开放发展理念首先继承了之前党的领导人全面开放的思想。从毛泽东开始,党的领导人就主张无论是社会主义还是资本主义,我们的开放面对的是世界上所有的、不同制度的国家。邓小平也说过,"我们实行对外开放政策,并不只是对美国、日本、西欧等发达国家开放。对这些国家开放是一个方面;另一个方面,是南南合作;还有一个方面,是对苏联和东欧国家开放"[①]。

其次,开放发展理念继承了之前党的领导人全方位向国外学习的主张。毛泽东提出,"我们的方针是,一切民族、一切国家的长处都要学,政治、经济、科学、技术、文学、艺术的一切真正好的东西都要学。但是,必须有分析有批判地学,不能盲目地学,不能一切照抄,机械搬用"[②]。

开放发展理念还继承了之前党的领导人坚持的独立自主、自力更生的基本原则。从毛泽东开始,历届领导人都把独立自主、自力更生视为对外开放的一个基本前提。毛泽东在1949年6月15日召开的新政治协商会议上就强调:"中国必须独立,中国必须解放,中国的事情必须由中国人民自己作主张,自己来处理,不容许任何帝国主义国家再有一丝一毫的干涉。"[③]独立自主、自力更生,不管是过去、现在

---

① 中共中央文献研究室.邓小平关于建设有中国特色社会主义的论述专题摘编[M].北京:中央文献出版社,1992:175.
② 中共中央文献研究室.毛泽东文集(第七卷)[M].北京:人民出版社,1999:41.
③ 中共中央文献研究室.毛泽东著作专题摘编(上)[M].北京:中央文献出版社,2003:1162.

还是将来,都是我国对外开放的基点。

开放发展理念不仅历史地继承了毛泽东、邓小平等之前党的领导人的对外开放所坚持的基本原则,且在此基础上,进一步明确了"以人民为中心"这一中国特色社会主义开放发展的既有价值指向,不仅顺应了时代发展的潮流,也有利于提高全国人民的生活水平,符合人民的利益,也为进一步促进中国与世界互利共赢的新格局奠定基础。如果说改革开放以来,我国始终坚持对外开放这项基本国策,主要解决的是"引进来"与"走出去"的问题,那么,着眼于日趋复杂的国内外环境,习近平总书记提出的开放发展理念,着重要解决的是发展的内外联动问题。因为只有加快体制机制优化升级,创新内外联动新模式,深化中国与世界经济之间的良性互动才能激活世界经济,只有世界经济发展趋势向好,我们才能获得有利的外部环境,从而使国内经济得到进一步发展。

总之,开放发展理念体现了历史继承性与现实开创性的有机统一。

二、经济权益与政治定力的互促互进

坚持对外开放,是改革开放 40 多年来中国经济实现快速发展的一个重要前提,也是社会主义新时代我国实现经济高质量发展的必然要求。改革开放四十多年的实践证明:开放是我国走向繁荣发展、实现华丽蜕变的必由之路。正如习近平总书记在博鳌亚洲论坛 2018 年年会开幕式上的主旨演讲中所指出的:过去 40 年中国经济发展是在开放的条件下取得的,未来中国经济实现高质量发展也必须在更加开放的条件下进行。新时代坚持对外开放,通过开放走向全球经济的中心,不仅体现了对时代潮流的深刻洞察,顺应了我国经济深度融入世界经济的趋势,同时也包含了清晰的经济学逻辑。推进对外开放的根本目的是为了开启发展更高层次开放型经济的新征程,实现我国经济的持续增长。而劳动生产率的提高是经济增长的源泉。劳动生产率的提高依托于社会分工的专业化、科学技术的进步、人才红利及体制机制创新等方面。只有通过更高层次的对外开放,才能够促进分工的专业化、推动技术的加速发展、加快人力资源的积累和体制机制创新,从而不断提高劳动生产率,最终实现经济的持续增长。

随着经济全球化的深入发展,围绕全球经济治理改革的政治博弈也在持续发酵,未来全球经济发展的较强不确定性是经济逆全球化的根源所在。一方面,各个国家都希望凭借自己在全球化链条中独特的地位和作用加强自身在现有国际治理格局中的话语权和影响力。另一方面,新兴发展中国家不断提出新的国际治理倡议,努力推动建立新的国际机构和新的国际规则。在这样的背景下,中国作为新兴大国,应始终保持政治定力,通过进一步扩大对外开放、深度融入全球治理进程、积极而量力担当大国责任、参与国际规则的制定和完善、加强国际危机管控等,有效推动全球治理体系改革①。只有保持政治定力,坚持主动开放,在更大范围、更宽领域、更深层次上提高开放型经济水平,我们才能在实现高质量发展的同时,惠及全球人民。

三、人民性与民族性的融合贯通

在党的十九大报告中"人民"一词共出现了 203 次,仅次于"发展"。"人民"这一词汇出现的频率如此之高,集中反映了我们党对初心和使命的坚守:为中国人民谋幸福,为中华民族谋复兴。这也是开放发展的逻辑起点和价值归宿。

邓小平曾说过:"不坚持社会主义,不改革开放,不发展经济,不改善人民生活,只能是死路一条。"②改革开放 40 年来,我国经济社会快速发展,综合国力显著增强,居民收入持续快速增长,城乡居民生活水平显著提高。人们生活发生了翻天覆地的变化,生活质量持续提高,呈现出全新的面貌。这一发展实践表明,正是因为始终代表人民群众的根本利益,牢牢把握以人民为中心的核心价值,论证了"发展为了人民、发展依靠人民、发展成果由人民共享、发展成效由人民检验"的历史唯物主义观,党才能带领人民在不断推进改革开放的进程中取得卓越的成就。习近平总书记指出:"把增进人民福祉、促进人的全面发展作为发展的出发点和落脚点。"③以人民为中心的开放发展理念,体现了人民是推动社会发展根本力量的唯

---

① 吴志成,王慧婷. 全球治理体系面临的挑战与中国的应对[J]. 天津社会科学,2020(3):65-70.
② 邓小平. 邓小平文选(第3卷)[M]. 北京:人民出版社,1993:116.
③ 中共中央宣传部. 习近平总书记系列重要讲话读本(2016年版)[M]. 北京:学习出版社,2016:128.

物史观。人民群众一直是党的力量源泉,是推进我国40多年改革开放的主体力量。未来在以新突破助推改革发展、以高水平开放促进经济高质量发展的这场波澜壮阔的伟大实践中,人民群众依然是当之无愧的主角,我们必须坚持人民主体地位,充分激发人民群众的主体力量。

开放发展也是实现中华民族伟大复兴的必由之路和强大动力。习近平总书记强调指出:"改革开放是决定当代中国命运的关键一招,也是决定实现'两个一百年'奋斗目标、实现中华民族伟大复兴的关键一招。"[①]中国特色社会主义在改革开放中不断发展,中华民族伟大复兴也必将在改革开放进程中得以实现。中国特色社会主义实践证明:没有改革开放,就没有今天的中国。我们要实现"两个一百年"奋斗目标、实现中华民族伟大复兴的中国梦,就必须坚定不移地深入推进改革,坚定不移地持续扩大开放,让党和人民事业始终充满奋勇前进的强大动力。

四、中国梦与世界梦的交相辉映

坚持开放发展是实现"中国梦"的必要条件。回顾40多年来我们走过的开放之路,成就举世瞩目。自改革开放以来,中国十分注重与世界各国的交流合作,在发展自身经济的同时,也不遗余力地推动世界经济的发展。

对外开放绝不是权宜之计,而是我国走向繁荣发展中国梦的必由之路。回顾过去40多年的历程,党正是在深刻总结以往历史经验教训基础上,实现了改革开放这一伟大觉醒,打出了改革开放这关键一招,才孕育和催生了新时期从理论到实践的一系列创新创造,才让中国人前所未有地接近实现中华民族伟大复兴"中国梦"的曙光。在中国张开双臂、海纳百川、实现与世界经济同频共振的同时,人民的日常生活也在悄然发生改变。中国的改变,不仅仅表现在政治、经济、文化的飞速发展与对外交融方面,更体现在人民群众的衣食住行中。党的十八大为我们描绘了全面建成小康社会、加快推进社会主义现代化、夺取中国特色社会主义新胜利的宏伟蓝图,这进一步激发了14亿人民同走复兴路、共圆"中国梦"的凌云壮志。要实现、完成这一宏图伟业,还应坚定不移地用好开放发展这"关键一招"。

---

① 习近平.习近平谈治国理政(第一卷)[M].北京:外文出版社,2018(再版):71.

开放才有发展,发展必须开放。开放发展最重要的就是要顺应世界发展潮流,直面"经济全球化"这一历史性的客观存在。中国改革开放的成功,既要归因于自身的努力,也是积极融入全球化的必然结果。新时代,以全球眼光审时度势、在世界范围布局谋篇,是走向世界舞台中心的中国的必然选择。中国的发展从来没有离开人类文明发展的大路,在不断为人类文明发展作出新的贡献。中国道路也是世界的,开放发展的一个重要向度就是把中国发展放在世界发展的整体格局中进行统筹,以促进整个人类的发展,这是由中国道路的本质所决定的[①]。因此,中华民族伟大复兴的中国梦与人类文明进步的世界梦是既有区别又相互联系、彼此促进的有机整体。中国是世界发展中不可或缺的一部分,未来,中国的大门将继续敞开,并将进一步拓展世界经济发展空间,对全球产生更大的积极正面效应。

第三节　开放发展理念的人学旨趣

开放发展理念的提出生动地体现了人民至上的价值追求,它将为人民提供更宽广的发展空间和更多的发展机会,这符合国家和人民的利益,是人民权利得到尊重、人民权益得以实现的重要表现。

一、开放发展推动中国再创经济社会发展奇迹

改革开放40多年实践证明,以开放促发展是中国崛起的宝贵经验,中国创造了一个又一个令人叹为观止的经济社会发展奇迹。我国以对外开放为手段和途径,获得了推动发展所必需的资金、资源、技术、市场、人才和机遇,持续为经济发展注入新动力、增添新活力、拓展新空间,并由此在2010年后成为世界第二大经济体。伴随着对外开放的深入,一大批通晓国际市场规则、全球配置资源、具备国际竞争力的跨国企业如雨后春笋般成长起来,这也极大地提升了我国经济的国际竞争力。正因为改革开放积累的雄厚物质基础,我们成功地在国际局势风云变幻的

---

① 张三元. 开放发展与人类命运共同体构建[J]. 广东社会科学,2017(4):59-65.

情况下,抵御各种风险挑战,巩固和发展了中国特色社会主义。

今天,我国正在转向经济高质量发展新阶段。推动高质量发展,关乎全面建成小康社会,关乎基本实现现代化,关乎把我国建成社会主义现代化强国,是党中央在我国发展的历史转折关口提出的引领新时代现代化建设的重大战略。受世界经济低迷、全球产业链和供应链遭受冲击、保护主义与单边主义持续升温等因素的影响,中国对外开放面临更加错综复杂的国际环境,构建更高水平开放格局面临新的风险和挑战。同时,新的国际形势也为完善国内产业链、推动新业态新模式新产业加速成长、深化"一带一路"国际合作和提升全球经济治理话语权创造了新的条件和机遇[1]。面临百年未有之大变局,唯有推动高质量发展,才能抓住新一轮技术革命和产业变革的新机遇,才能改变我国经济"大而不强"的局面,才能进一步提高我国在全球分工和价值链中的整体地位,才能在应对百年大变局中趋利避害。当前,党中央高度重视全面提升对外开放的水平与质量,努力用开放的新突破来助推改革发展,以高水平的开放来促进经济高质量发展。相信在开放发展理念的引领下,中国一定会再创经济社会发展奇迹。

二、开放发展持续提升人民群众的生活水平

人民群众是改革开放的主体,也是改革开放的最大受益者。40年多来,在社会主义以按劳分配为主体、多种分配方式并存的收入分配制度的引导下,我国居民收入分配制度日趋完善。特别是党的十八大以来,党和国家高度重视收入分配问题,着力深化收入分配制度改革,努力提高居民收入在国民收入分配中的比重,使发展成果更多更公平惠及全体人民。今天,我国城乡居民的收入构成已经从过去的单一占比较高转变为多元共同增长,城乡、区域和居民之间收入差距持续缩小,收入分配格局已然改善。农村居民收入来源由单一的集体经营收入转为家庭经营、工资、转移收入并驾齐驱,城乡居民收入差距明显缩小。

40多年的对外开放,极大地提升了亿万人民的生活水平,人民群众手上有钱了,日子也一天天变好,衣食住行都发生了翻天覆地的变化。在解决了温饱问题

---

[1] 徐秀军.新国际形势下构建更高水平开放格局的挑战、机遇与对策[J].国际税收,2020(10):23-30.

后，中国人的购买力及生活品质大大提升，城乡居民开始从基本的吃穿消费向发展和享受型消费转化和倾斜。同时，随着消费市场持续完善，消费环境不断变好，公共设施覆盖率提高，社会服务更为完善，城乡居民从吃穿住用的品质，到能够享受的医疗教育服务水平，都发生着巨大的变化，生活质量不断提升。

中国具有巨大的发展潜力和市场活力。改革开放 40 年来，中国经济的韧性已然彰显，我们的消费市场保持着平稳快速增长，规模稳步扩大，结构持续优化。当前，消费新时代已然拉开了序幕，伴随着互联网技术革命、共享经济以及移动支付等生活方式的变革，多元消费已成为人民的迫切需求和中国经济发展的直接推动力。开放发展就是要满足人民群众的这一需求，随着对外开放的扩大升级，更多的优质产品将从世界各地流入国内，人民群众将体验到全球质优价廉的产品，充分享受全球化带来的福利。

三、开放发展深刻改变中国人的精神面貌

改革开放以来，中国人的精神面貌发生了根本性变化，国家不但在对外开放进程中逐渐脱离了贫穷落后的状态，完成了从"站起来""富起来"到"强起来"的历史性飞跃，同时，思想解放的闸门也被打开，中国精神的内涵和形式得到前所未有的发展，呈现出独具自身特色的生长模式，实现了思想上一次又一次的大变动和新觉醒，在中国人民的面貌发生翻天覆地变化的同时，国家精神气质得到了明显的提升。改革开放中孕育出的中国精神是在改革开放实践中形成的宝贵精神财富，40多年来，在中外文化的交流、交融和交锋中，奋发有为的状态、敢闯敢试的斗志、披荆斩棘的热忱、开拓进取的精神成为中国社会的主流和推进中国特色社会主义伟大事业的精神指引和力量支撑。在庆祝改革开放 40 周年大会上，习近平总书记指出："改革开放铸就的伟大改革开放精神，极大丰富了民族精神内涵，成为当代中国人民最鲜明的精神标识！"自此，"改革开放精神"这一概念被正式提出。

那么"改革开放精神"的内涵是什么？学者们也提出了各种不同观点。例如，有的学者将其总结为"革故鼎新的超越精神、披荆斩棘的革命精神、敢为人先的创新精神、只争朝夕的追赶精神、敢闯敢试的攻坚精神、脚踏实地的务实精神、直面难

题的担当精神"[1];有的学者将其凝练为"解放思想、与时俱进;革故鼎新,勇于创新;群众中心,依靠人民;高举旗帜,党的领导;对外开放,和平共赢"[2]。尽管表述略有不同,但毫无疑问的是,"改革开放精神"都是以爱国主义为核心的中国精神的重要组成部分。"改革开放精神"来源于改革开放实践,其生成变化反映了国家精神领域和民众精神世界改变中国现状的迫切要求,是契合改革开放实际、满足改革开放实践需要、解决改革开放发展过程中的问题的产物。同时,改革开放精神也是中国特色社会主义的精神风向标。未来,它定能引导中国的开放发展实践,为实现中华民族伟大复兴的中国梦凝聚磅礴的精神伟力。

四、开放发展在自我发展的同时也将造福世界人民

改革开放40多年,中国对世界发展贡献卓著。中国人民凭借自己的勤劳和汗水,自力更生、自强不息、砥砺前行,书写了中华民族发展的壮丽史诗。开放带来进步,封闭必然落后。中国始终坚定不移推进改革开放,坚持打开国门搞建设,实现了从封闭、半封闭到全方位开放的伟大历史转折。经济全球化作为一种社会现象,本质上是社会生产力发展的需要[3]。从促进出口到扩大进口,从寻求自身发展到构建人类命运共同体,今天,开放已经成为中国的一个鲜明的标识,中国在不断扩大开放的过程中,在不断做大做强中国经济的同时,也造福了全世界,为稳定世界经济增长贡献真金白银。

当今世界正面临百年未有之大变局,世界经济发展的机遇和挑战层出不穷,虽然"逆全球化"的暗流时有涌动,不确定、不稳定的因素明显增多,全球经济增长正受到来自保护主义、单边主义、孤立主义的威胁,下行压力不断加大,但"青山遮不住,毕竟东流去",世界开放融通的潮流依然滚滚向前,中国经济已然深深融入世界经济的汪洋大海。我国今天在全球的经济地位是在开放中形成的,未来赢得更大的发展也必须在开放中实现。"没有哪个国家能够独自应对人类面临的各种挑战,

---

[1] 韩庆祥.论伟大改革开放精神[N].学习时报,2019-01-07.
[2] 魏奇.试析改革开放精神的内涵和逻辑[J].西安文理学院学报(社会科学版),2019,22(4):60-63.
[3] 刘凌.以开放发展引领经济全球化步入新时代[J].贵州社会科学,2018(10):25-29.

也没有哪个国家能够退回到自我封闭的孤岛。"①未来,中国将张开双臂,以更加开放的姿态拥抱世界,让世界感受到高亢的中国律动,持续释放开放红利,为各国提供更多市场机遇、投资机遇、增长机遇。中国将承担大国责任,以实际行动推动经济全球化坚定前行,在更大的范围内发展自己、造福世界。

第四节 开放发展理念的实践逻辑

虽然发展理念是发展的行动先导,但理念的深邃不能取代行动的实践。在深入理解开放发展理念的理论特质基础上,我们还须科学把握其实践要求,并不断推动新发展理念向现实实践的转化,以使其真正发挥为提高我国对外开放的质量和发展的内外联动性提供科学指南的作用。

一、坚持主动开放,引领经济全球化时代浪潮

从国际形势看,经济全球化虽然已实现了深入发展,但由于新冠疫情影响,世界经济陷入深度衰退期,且复苏困难。发展失衡、治理困境、公平赤字等问题日渐凸显,"逆全球化"思潮涌动,保护主义抬头,世界经济和全球经济治理体系进入调整期。新旧动能转换成为世界经济复苏繁荣的关键,新一轮科技革命和产业变革蓄势待发。与此同时,世界经济格局正经历深度调整,新兴市场和发展中国家群体性崛起。从国内形势看,我国开放型经济的发展方向是加快培育竞争新优势。今天,我国人均国内生产总值已突破 8000 美元,对全球经济增长贡献率超过 30%。但我国的劳动力成本持续攀升,资源约束日益趋紧,环境承载能力已经接近上限,加快转变发展方式、优化经济结构、转换增长动力的任务更加紧迫。

虽然近年来"逆全球化"思潮和美国等发达国家的相关政策大有"山雨欲来风满楼"之势,但我们相信"让世界经济的大海退回到一个一个孤立的小湖泊、小河

---

① 习近平.决胜全面建成小康社会 夺取新时代中国特色社会主义伟大胜利——在中国共产党第十九次全国代表大会上的报告[N].人民日报,2017-10-28(1).

流",让国家"退回到自我封闭的孤岛",只是逆历史潮流而动的妄想,经济全球化的历史巨轮将继续稳步向前。面对复杂的国内外形势,我们必须把开放作为发展的内在要求,更加积极主动地扩大对外开放。正如习近平总书记强调的:"过去40年中国经济发展是在开放条件下取得的,未来中国经济实现高质量发展也必须在更加开放的条件下进行。我多次强调,中国开放的大门不会关闭,只会越开越大。中国推动更高水平开放的脚步不会停滞!中国推动建设开放型世界经济的脚步不会停滞!中国推动构建人类命运共同体的脚步不会停滞!"①党的十九大提出的一条基本方略,就是要主动参与和推动经济全球化进程。中国开放的大门不但不会关闭,而是会越开越大。今后,中国还将不断扩大对外开放,拿出更多、更具体可行的开放措施。必须强调,中国的开放是自主开放,不会在别国挥舞"大棒"的压力下被动开放。中国将根据自己的需要,按照自己设定的目标、确定的路径和规划的节奏有序推进。

二、促进双向开放,形成国内国际"双循环"发展新格局

2020年5月14日,中央政治局常委会会议首次提出,要充分发挥我国超大规模市场优势和内需潜力,构建国内国际双循环相互促进的新发展格局。从供需两端强调了构建新发展格局的重点任务,即一方面"要深化供给侧结构性改革",另一方面"充分发挥我国超大规模市场优势和内需潜力"。5月23日,习近平总书记在参加全国政协十三届三次会议时进一步明确指出:要将满足国内需求作为发展的出发点和落脚点,加快构建完整的内需体系。7月21日和8月24日,习近平总书记又分别在企业家座谈会和经济社会领域专家座谈会上强调:要以畅通国民经济循环为主构建新发展格局。由此可见,自2020年全国"两会"以来,以习近平同志为核心的党中央对"构建以国内大循环为主体、国内国际双循环相互促进的新发展格局"的高度重视。这一发展格局的出台不是简单地针对当前产业链供应链因新冠疫情而中断、欧美等个别国家掀起"逆全球化"浪潮,企图同我国脱钩甚至围堵而

---

① 习近平.共建创新包容的开放型世界经济:在首届中国国际进口博览会开幕式上的主旨演讲(2018年11月5日)[M].北京:人民出版社,2018:5.

采取的权宜之计,而是对我国现阶段经济发展情况、环境、条件变化做出科学考量后而做出的中长期战略方针。

改革开放40多年,我国的发展格局经历了一个不断演变的过程。从改革开放初期的从深圳特区到其他沿海开放城市的出口导向型发展模式、"三来一补"的加工贸易,到20世纪80年代提出的"两头在外、大进大出"的国际大循环发展思路,我们经历了一个逐渐融入全球化的进程。2001年,我国加入了世界贸易组织。此后,中国迅速成为全球制造业中心,出口导向型发展战略主导了整个经济发展过程。以这一战略为指导,我们在大量进口国外的原材料、零部件和生产技术、管理经验的同时,还大量出口制成品。因为原料和市场两头在外,我国的经济深度嵌入了全球化进程。回顾历史,这无疑是十分成功的战略,它使我们能够保持长期的经济高速增长,创造了数以千万的就业岗位,提供了充足的外汇储备,带来了产业的升级和技术进步等。

但是,自2008年全球金融危机以来,支持出口导向型发展战略的很多利好条件逐渐消失。欧美等发达经济体陷入了经济增长乏力的困境,经济增速始终显著低于危机前的水平。进口需求不足,贸易保护主义倾向日趋明显,全球化进程放缓。同时,人口红利逐渐消失,劳动力成本快速增长,环境问题日趋严峻。这也逼迫我国实施了近20年之久的出口导向型发展战略必须进行相应调整。

事实上,为了应对出口导向型经济日趋困难的状况,从2005年起,我国就已经开始着手扩大内需。而这一进程在2008年全球金融危机之后步伐就更加明显,并且延续到今天。"以国内大循环为主体、国内国际双循环相互促进的新发展格局",这既是对过去十多年已经开始调整的策略的重新体认,也是为应对当前和未来一段历史时期我国可能面临的各类困难及挑战的必然选择。

国内大循环并非自我封闭,也不是放弃国际分工与合作。要坚持开放合作的双循环,要以强化开放合作为手段,达到更紧密地与世界经济联通融合、提升国内大循环的效率和水平的目的。也就是说,双循环意味着更大范围、更宽领域、更深层次对外开放。

三、加快公平开放,打造公平开放市场规则和法制化营商环境

闭关锁国就会落后挨打,这是历史让每个中国人铭记血泪的教训。开放发展固然重要,但需要明确的是,并非打开国门就一定能取得理想的发展成效。"一开就灵"不能包治百病,要想在全球化进程中趋利避害,必须有科学的开放战略和配套的策略措施。开放战略必须随着外部环境和自身发展阶段的变化而调整,如果不能与时俱进地调整,之前有效的开放战略可能就会失效,甚至会带来负面效果。公平开放要提供公平竞争的内外资发展环境。"法治是最好的营商环境",过去我们主要依靠土地、资源、税收等优惠政策来招商引资,今后,我们更要通过加强法治建设,为外资企业打造公平、透明、可预期的市场环境,实现各类企业依法平等使用生产要素、公平参与市场竞争、同等受到法律保护。正如习近平总书记强调的:"中国市场环境是公平的。所有在中国内地注册企业,都是中国经济重要组成部分。我们将坚持社会主义市场经济方向不动摇,继续加强法治建设,积极改善投资环境,努力实现各类企业依法平等使用生产要素、公平参与市场竞争、同等受到法律保护,把中国市场环境建设得更加公平、更富有吸引力。我们利用外资政策不会变,依法保障外商投资企业合法权益。"①

2020年1月1日开始,《中华人民共和国外商投资法》正式实施。该法及其相关实施条例确立了我国与国际接轨的基本制度,能够更好地保障内外资企业规制统一、竞争公平。以法治化为引领,在提升便利化的同时,我们将进一步提升营商环境的法治化、市场化、国际化水平。这将有利于营造更加稳定公平开放、更具吸引力的投资环境。这标志着我国外资领域"放管服"改革迈出了实质性的步伐,这将有利于我国建设更高水平开放型经济新体制。

四、推动全面开放,加快形成全面开放发展新样态

马克思曾指出,过去那种地方的和民族的自给自足、闭关自守状态,被各民族的各方面的互相往来和各方面的互相依赖所代替了。历史发展潮流的奔涌势不可

---

① 习近平.习近平谈治国理政(第一卷)[M].北京:外文出版社,2018(再版):114.

挡，我们必须主动顺应经济全球化潮流，在发展壮大中引领世界发展潮流。要不断拓展开放的广度与深度，提高开放的能力与水平，更好参与、适应和引领经济全球化。"开放"一词在党的十九大报告中共出现了27次，与此同时，报告以独立篇幅论述了"推动形成全面开放新格局"。当全球经济深度调整期和国内进一步深化改革开放机遇期相互叠加之时，就我国目前的经济开放现状而言，取得了显著成就，但经济开放结构性矛盾仍未改善，如何构建好新时代经济全面开放新格局，已然成为建立开放型经济体制的关键之举[1]。从"加快形成更高水平对外开放新格局"到"推动形成全面开放新格局"，我国的对外开放完成了又一次历史性转折。

全面开放，首先要坚持"引进来"与"走出去"的深度结合，以拓展国民经济发展空间。"引进来"与"走出去"一直是我国开放战略的"一体两翼"，积极利用外资和引导规范对外投资，是当前推动全面开放的重要政策取向。其次，为优化区域开放布局，要坚持沿海开放与内陆沿边开放的深度结合。改革开放以来，在我国各地区经济高速增长的宏观背景下，东西部地区，沿海、内陆在经济增长速度、经济发展水平、居民福利水平上的差距有进一步拉大的趋势，这迫切要求调整经济发展结构。我国内陆地区和沿边地区劳动力富足，自然资源充裕，相信随着"一带一路"建设加快推进，中西部地区将逐步从开放边缘走向开放前沿，开放型经济发展空间广阔。再次，要坚持制造领域开放与服务领域开放更好地结合，以高水平开放促进深层次结构调整。创新试点的一个重要探索方向是扩大服务领域对外开放，当前，中国正处于经济结构转型发展的关键阶段，世界对中国的对外开放有了更高的期待，随着服务业水平的提高，服务业对外开放的空间和范围会更大，发达国家是我国主要经贸伙伴，同时，与广大发展中国家的经贸联系也不能忽视。我们既要坚持向发达国家开放，也要向发展中国家开放，要扩大与各国的利益交汇点。最后，要坚持多边开放与区域开放的有机结合，做开放型世界经济的建设者和贡献者。大道至简，实干为要。我们必须准确把握新时代对外开放的重点任务，不断开创对外开放新局面。

---

① 龚晓莺,蔡豪.新时代经济全面开放新格局的构建逻辑[J].江淮论坛,2019(3):26-32.

五、实现共赢开放,促进世界开放合作、互惠共享

经济全球化是时代发展的大趋势,"一花独放不是春,百花齐放春满园"。中国的对外开放,不是片面追求独善其身的对外开放,也不是刻意追求"风景独好"的对外开放,而是倡导"美美与共"、共赢共享的对外开放。习近平总书记指出,"当今世界,各国相互依存、休戚与共。我们要继承和弘扬联合国宪章的宗旨和原则,构建以合作共赢为核心的新型国际关系,打造人类命运共同体"[1]。

当前,全球经济增长动能不足、发展不平衡不充分等问题困扰着各国,一些国家民粹主义和保护主义抬头,经济全球化从某种程度上说正陷入困境。与此同时,气候问题、资源问题、恐怖主义问题、核安全问题、网络安全问题、贫困问题等困扰人类的难题绝非一国之力能够解决。特别是当前新冠疫情防控形势依然严峻,人类要想战胜疫情,亟须更紧密的国际合作,各方必须加强团结合作,高举多边主义大旗,加强对话协调,采取集体行动,共同应对疫情。党的十八大以来,习近平总书记面对当今世界百年未有之大变局,顺应全世界人民要和平、要合作、要发展普遍愿望的潮流,以宽广的视野和战略思维,把握世界发展大势,在一系列重要讲话中倡导各国携手前行,构建人类命运共同体。"人类命运共同体"思想创造性回答了"世界怎么了、我们怎么办"这一时代之问,为解决全球性问题贡献了中国智慧、中国方案,展现出负责任大国的作为和担当。构建人类命运共同体既是世界历史发展的必然趋势,也是对以资本逻辑主导的全球化的批判和超越,意味着开创一种新型全球性文明[2]。共赢开放是新时代中国对外开放的战略选择,也是打造人类命运共同体的理性选择。当前,坚持多边主义,携手前行,增进全球合作才是正确的出路。

---

[1] 习近平.习近平谈治国理政(第二卷)[M].北京:外文出版社,2017:522.
[2] 田江太.人类命运共同体:一种新型全球性文明的开创[J].中国矿业大学学报(社会科学版),2021,23(2):27-35.

第七章

共享发展理念的人本意蕴及意义指向

共享发展强调维护并保障人民生存、发展权益,发展的目的是一切为了人民、为了人民的一切,这既是中国共产党所有行动的出发点和根据,也是其一切政策的落脚点和归宿。

第一节 共享发展理念的逻辑机理

中华民族"求大同"的深厚历史积淀、文化底蕴,马克思科学社会主义的"自由人联合体"设想,中国特色社会主义"全面建成小康社会"实践,这三个方面共同建构了共享发展的内在逻辑机理。

一、中华民族"求大同"的传统价值取向是共享发展的历史逻辑

推崇人人平等、天下为公的大同思想是先哲们勾勒的理想社会蓝图,体现了中华传统文化的独特智慧和文明自觉,深受我国先进思想家和广大仁人志士的支持,是我国宝贵的传统文化遗产。"求大同"是中华民族至死不渝的政治理想追求,它历经世代的传承发展,其内涵在不同历史时期不断得以丰富。最早描绘天下大同理想社会的是春秋战国时代儒家经典《礼记·礼运》:"大道之行也,天下为公。选贤与能,讲信修睦。故人不独亲其亲,不独子其子,使老有所终,壮有所用,幼有所

长,矜寡孤独废疾者皆有所养,男有分,女有归。货恶其弃于地也,不必藏于己;力恶其不出于身也,不必为己。是故谋闭而不兴,盗窃乱贼而不作,故外户而不闭,是谓大同。"①为我们描绘了一个天下人共有、选贤举能、讲信修睦、人人劳动、各尽所能、各得其所的理想社会。近代以来,太平天国农民起义提出了"有田同耕,有饭同食,有衣同穿,有钱同使,无处不均匀,无人不饱暖"②的大同理想社会纲领所提出的平分土地方案,反映了当时广大贫苦农民强烈地反对地主阶级残酷剥削的要求,以及对获得土地、追求平等平均的理想社会的渴望。资产阶级改良派代表人物康有为在其著作《大同书》中为我们描绘了一个空想的大同世界:"无阶级、无压迫、无邦国、无帝王,人人相亲,人人平等,天下为公。"③在揭示当时中国社会存在的各种弊端及其危害的同时,向世人描绘了一个人人极乐、愿求皆获的太平之世,认为这将是天下为公,无有阶级,一切平等的极乐世界。资产阶级革命派代表人物孙中山提出以三民主义为基础的"天下为公"的大同社会理想,其"不仅在求中国之'天下为公''共进大同',而且也致力于'世界大同主义'"④,旨在实现一个"民有、民治、民享"的"永远之幸福"的社会,有着强烈的实践指向。可以说,共享发展植根于中华民族文明血脉、贯穿于中国历史的伟大梦想⑤。

但必须指出的是,无论是儒家的大同理想,还是太平天国的大同纲领,都是建立于小农经济基础之上的,小农经济分散、自给自足、效率低下及落后等内在特征决定了其大同理想只是空中楼阁;康有为的大同世界虽然超越了狭隘的小生产界限,其设想建立于大机器生产、生产力高度发达以及人类文明高度发展的基础上,但因其超越资本主义生产方式、生产力水平的太平盛世理想和当时中国资本主义初步发展的经济基础严重不符,所以也只能沦为空想;孙中山的共进大同建立在把握世界经济发展潮流、民族资本主义经济迅速发展的基础上,具有一定的现实性和革命性,但其"三民主义"大同理想实践因缺乏深厚的资本主义经济基础支撑也无法避免失败的命运。

---

① 孙希旦.礼记集解(中)[M].北京:中华书局,1989:582.
② 罗尔纲.太平天国的理想国——天朝田亩制度[M].北京:商务印书馆,1950:2.
③ 康有为.大同书[M].上海:上海古籍出版社,2005:113.
④ 吴默闻,丁俊萍."大同""小康"在近现代中国的创造性转化[J].海南大学学报(人文社会科学版),2017,35(4):37-44.
⑤ 胡鞍钢,鄢一龙,等.中国新理念:五大发展[M].杭州:浙江人民出版社,2016:99.

二、马克思科学社会主义的"自由人联合体"设想是共享发展的理论逻辑

马克思的经典文献中,革命是主题,但以此为基础,对未来社会的构建也成为其思考的重点。通过对资本主义生产方式及其运行机理的经济学考察,马克思认为,工人阶级的整体贫困,既不是因为社会财富的稀缺,也不是因为工人阶级的懒惰和无能,而主要应该归因于资本主义私有制条件下资本对劳动的剥削。他指出,不应该到小的弊病中去寻找工人阶级处境悲惨的原因,而应当到资本主义制度本身中去探寻。通过考察研究,马克思提出,建立在私有制基础上的资本主义制度无法协调解决有关发展的根本问题,即发展依靠谁,发展为了谁与发展成果如何分配以及其三者之间的关系问题,并进一步提出了要以社会主义公有制取代资本主义私有制,实现人的全面自由发展的思想。

马克思和恩格斯虽未明确提出"共享发展"这一特定概念,但其创立科学社会主义学说以来,其对未来社会的丰富构想,为孕育和催生当代共享发展理念提供了思想源泉和理论基石。马克思在《德意志意识形态》中,曾对未来共产主义社会进行了初步构想,并天才地提出了"自由人联合的共同体"思想。他提出,共产主义是建立在生产力的巨大发展基础之上的,只有社会财富充分涌流,才能消灭贫穷,现存的剥削制度才能真正得以废除,人的活动的异化才能被扬弃,才能实现"自由人联合的共同体"。只有"在真正的共同体的条件下,各个人在自己的联合中并通过这种联合获得自己的自由"①。

在《哥达纲领批判》中,马克思更具体而详实地描述了共产主义社会的美好愿景。"在共产主义社会高级阶段,在迫使个人奴隶般地服从分工的情形已经消失,从而脑力劳动和体力劳动的对立也随之消失之后;在劳动已经不仅仅是谋生的手段,而且本身成了生活的第一需要之后;在随着个人的全面发展,他们的生产力也增长起来,而集体财富的一切源泉都充分涌流之后,——只有在那个时候,才能完全超出资产阶级权利的狭隘眼界,社会才能在自己的旗帜上写上:各尽所能,按需

---

① 马克思,恩格斯.马克思恩格斯选集(第1卷)[M].北京:人民出版社,1995:119.

分配!"①马克思认为,"自由人联合的共同体"不是既有的社会状况,而是需要不断争取的现实的社会运动。

尽管马克思、恩格斯是在当时特定的时代背景及特殊历史任务的条件下提出的这些思想,我们今天考察、探讨这些思想,须置于具体的历史环境中,但其论证进路和前瞻设想,仍为新时代中国共产党人从理论创新到现实推进共享发展提供了不可或缺的学理支撑及方法论启示。"共享发展"就是科学社会主义思想的时代升华,是中国特色社会主义对科学社会主义平等思想的当代弘扬②。

三、中国特色社会主义"全面建成小康社会"实践是共享发展的现实逻辑

作为新发展理念的出发点和落脚点,共享发展理念的内涵包括全民共享、全面共享、共建共享和渐进共享四个层面,这一理念的提出是党把握共享发展规律、聚焦共享发展难题、深化国家治理认识的伟大创举。

首先,共享发展理念的提出是带领我国人民实现从先富向共同富裕的阶段性转换、最终迈向共同富裕的必然要求。共同富裕是社会主义本质的外在表现,也是社会主义优越性的集中体现。邓小平认为:"社会主义不是少数人富起来、大多数人穷,不是那个样子。社会主义最大的优越性就是共同富裕,这是体现社会主义本质的一个东西。"③改革开放前我们虽然追求共同富裕,但在实践中却表现为同步富裕。同步富裕的愿望很美好,但实践效果并不好,导致了实际上的共同贫穷。改革开放后,党提出部分地区和部分人先富的政策,是符合实际的现实选择。虽然在现实中成效巨大,但在这一过程中确实又不同程度地出现了不公平现象,引起了人民群众的不满。当下,解决贫富差距问题是我们面临的主要问题,也就是如何正确认识和处理共建与共享、发展与分配的关系问题。

其次,着手解决改革开放40多年积累的突出矛盾和问题是共享发展理念提出

---

① 马克思,恩格斯.马克思恩格斯文集(第3卷)[M].北京:人民出版社,2009:436.
② 孙力,蒋瑛.科学社会主义对发展理念的贡献[J].思想理论教育,2016(9):31-36.
③ 邓小平.邓小平文选(第3卷)[M].北京:人民出版社,1993:364.

的现实依据。改革开放40多年我国大步迈入中等收入国家行列,综合国力大幅度提升,这为共享发展奠定了坚实的物质基础。然而高速发展的同时,也累积了一定的问题。近年来,不同社会阶层之间、强弱势群体之间、一些阶层与党和政府之间的诸多矛盾交织显现。特别是当前中国已经进入改革发展的深水区期,改革攻坚困难较大,阻力重重。其重要原因,正是改革发展的成果没有全面、及时、有效地惠及全体人民。可以说,践行共享发展理念,切实维护和实现社会公平正义,保证全体社会成员共享改革发展成果已经成为当务之急。

再次,共享发展理念是全面建成小康社会、实现中华民族伟大复兴中国梦的必然要求。早在2013年,习总书记在接受拉美三国媒体的联合采访时就讲过:"在新的历史时期,中国梦的本质是国家富强、民族振兴、人民幸福。我们的奋斗目标是,到2020年国内生产总值和城乡居民人均收入在2010年基础上翻一番,全面建成小康社会。到本世纪中叶,建成富强民主文明和谐的社会主义现代化国家,实现中华民族伟大复兴的中国梦。"[1]2020年,我们取得了全面建成小康社会的伟大历史性成就,决战脱贫攻坚取得决定性胜利。我们向深度贫困堡垒发起总攻,啃下了最难啃的"硬骨头"。我们用了八年时间,使现行标准下近1亿农村贫困人口全部脱贫,832个贫困县全部摘帽。中国已然书写了人类减贫史上的奇迹。然而,我们的征途依然是星辰大海,全面建成小康社会这一百年奋斗目标的实现,标志着全面建设社会主义现代化国家新征程的开启。全面建设社会主义现代化国家、实现民族复兴的中国梦,需要我们尽快补齐经济社会发展的短板。今天,城乡发展失衡、区域发展失衡、建立健全防止返贫和新致贫长效机制等任务依然艰巨。只有贯彻和践行共享发展理念,给予每一位中国人平等享有发展的机会,为每一位中国人积极营造追梦、圆梦的广阔空间,使发展成果更多、更公平地惠及全体人民,人民群众的"幸福梦"才能变为现实,中华民族伟大复兴的"中国梦"才能真正实现。

---

① 习近平接受拉美三国媒体联合书面采访[N].人民日报,2013-06-01(1).

第二节 共享发展理念的理论精髓

共享发展理念蕴含了发展的普遍性与特殊性的辩证统一,体现了发展的社会公平与经济效率的有机协调,彰显了集体发展利益与个人发展权利的和谐统一,它集中体现了当代中国发展的目标和归宿。

一、蕴含了发展的普遍性与特殊性的辩证统一

共享发展理念蕴含的发展的普遍性原理指的是共享发展必须符合社会发展的客观规律。马克思主义唯物史观认为,人类社会具有特定的质,它既是一个自然历史的过程,也是在不断变化发展着的。社会发展规律有别于自然发展规律之处就在于:"社会发展史却有一点是和自然发展史根本不相同的。在自然界中(如果我们把人对自然界的反作用撇开不谈)全是没有意识的、盲目的动力,这些动力彼此发生作用,而一般规律就表现在这些动力的相互作用中。在所发生的任何事情中,无论在外表上看得出的无数表面的偶然性中,或者在可以证实这些偶然性内部的规律性的最终结果中,都没有任何事情是作为预期的、自觉的目的发生的。相反,在社会历史领域内进行活动的,是具有意识的、经过思虑或凭激情行动的、追求某种目的的人;任何事情的发生都不是没有自觉的意图,没有预期的目的的。"[①]正因为社会发展规律与自然发展规律的不同之处,马克思认为,社会形态的更替表现为普遍性与特殊性相统一的特点。他从社会生产力和生产关系之间的矛盾运动中解释社会形态的变革,在《〈政治经济学批判〉序言》中提出对历史发展阶段的分期:"大体说来,亚细亚的、古代的、封建的和现代资产阶级的生产方式可以看作是社会经济形态演进的几个时代。"在把握对人类社会发展的基本规律的条件下,我们可以对社会发展的目标与进程做出较为明确的设定,马克思就认为,作为共产主义的"自由人的联合体",人们将共同占有生产资料和劳动产品。共享发展理念的提出,

---

① 马克思,恩格斯.马克思恩格斯全集(第21卷)[M].北京:人民出版社,2006:341.

就体现出党对人类社会发展一般性规律的自觉体认与主动把握。

但是,马克思鲜明地指出,承认社会形态依次更替的普遍性,并不是说每一个民族国家的发展轨迹都是与其他民族国家互不联系的、彼此独立的单线历史进程。相反,马克思以辩证的、矛盾分析的方法对人类社会发展的分析,认为社会形态的更替具有曲折性和复杂性特征。邓小平提出的建设有中国特色社会主义理论指明了当代中国现代化发展的道路,是对马克思主义唯物史观在中国现代化发展中的创造性运用。这既体现了社会形态更替的普遍性,也凸显了"中国特色"这一社会形态更替的特殊性。共享发展理念的提出,就是在建设有中国特色社会主义的发展道路上,在全面建成小康社会的圆满收官阶段这一特定的历史时段,针对我国当下的主要矛盾所提出的一个特定的发展策略。

总之,共享发展理念创造性地运用了历史唯物主义社会形态更替的普遍性与特殊性相统一的理论,蕴含着鲜明的问题意识,为马克思主义增添了新的内涵,是中国社会发展的出发点和落脚点。

二、体现了发展的社会公平与经济效率的有机协调

早在古希腊柏拉图的《理想国》里,公平、正义就已成为人类的崇高理想。社会公平与经济效率犹如鸟之两翼、车之两轮,是社会发展不可忽视的两个方面,是人类文明进步的标志,也是人类社会一直追求的目标。社会公平与经济效率是一对矛盾统一体,有相互依存和互相促进的一面,但也有对立的一面,在现实社会中,它们之间存在着此消彼长的彼此吸引又相互排斥的现象。二者之间的对立表现为:如果一个社会过分注重公平,则会压制人民的进取心和创造力,从而导致效率水平的下降;如果一个社会一味地关注效率,则会导致社会贫富差距加大,社会矛盾激化,公平也就无从谈起。二者之间的统一表现为:社会效率是社会公平的基础,因为只有生产力发展到一定程度,社会有了剩余产品后,才会出现如何实现社会公平这一问题;同时,社会公平对社会效率能够起到促进作用,一个公平的竞争环境、一个公平的社会制度、一个公平的分配原则往往能够起到调节和激励作用,从而使经济效率得到提高,推动社会生产力的发展。总之,经济效率和社会公平在发展中保

持动态平衡是保证一个社会得以持续、健康、高速发展的前提条件。

改革开放前,以马克思主义经典作家对未来的共产主义第一阶段即社会主义社会的设想为依据,视苏联模式为榜样,我们建立了以计划经济、公有制和按劳分配为主要特征的社会主义经济制度。这一经济制度虽然较好地解决了经济平等问题,但因为没有解决好经济效率问题,所以才有了应运而生的社会主义经济体制的市场化改革。改革开放后,在坚持以公有制为主体的基础上,我们大力发展了非公有制经济,在资源配置及经济运行方式上形成了社会主义市场经济体制,并主动嵌入经济全球化的进程以扩大自身的经济发展空间。由于生产力的欠发达,虽然我们提出了"共同富裕"的目标,但是,效率优先于公平在当时成为一种常态,虽然生产力获得了极大的解放,但由此也带来了贫富差距日趋严重、阶层固化等问题。

罗尔斯认为:"正义是社会制度的首要价值……某些法律和制度,不管它们如何有效率和有条理,只要它们不正义,就必须加以改造或废除。"[1]社会公平作为一项公共制度的本质诉求,是检验一种经济体制及其相关制度合理性的一个根本标准。真正强大的中国,是能让每个普通人在"中国梦"的引领下都有机会实现个体梦,能让更多人更加平等地享受美好生活。在中国特色社会主义道路的前提下,共产党人不能忘记马克思主义者的初心,既要有高于资本主义的经济效率,更要切实贯彻共享发展理念,真正做到发展依靠人民、发展为了人民、发展成果由人民共享。没有这一条,就既凸显不了中国特色社会主义的本质特征和优越性,也不可能使中国特色社会主义道路赢得最广泛的支持和认同。当前,中国已经走到了实现"两个一百年"奋斗目标的新阶段,需要更好地去兼顾经济效率与社会公平。因此,体现了发展的社会公平与经济效率兼顾的共享发展理念提出的恰逢其时。

三、彰显了集体发展利益与个人发展权利的和谐统一

在新中国成立初期的计划经济体制时代,个人是受计划支配的客体,从某种程度上说,个人实际上承担了社会生产和再生产的物质资料和生产工具的角色。计划经济造就了个人对集体的人身依附模式,集体与个人之间的关系成为一种强制

---

[1] 罗尔斯.正义论[M].何怀宏,等译.北京:中国社会科学出版社,1988:1.

型的社会关系。个人的本质被集体有计划地事先设定，集体成为个人不可抗拒的外在必然力量，集体价值的光环遮蔽了个人价值，个人几乎没有可以选择的自由。因此，在计划经济体制条件下，集体的利益是最高利益，每个人都应该自觉主动维护集体利益。把集体利益放在首位，放弃甚至牺牲个人利益，成为个体价值观念及行为选择中普遍得到认可并在实践中不自觉或自觉履行的信仰。

改革开放后，市场经济体制逐步确立并日趋完善。市场经济在过去几十年里创造了巨大的社会财富，市场经济内在地包含着个人主义的价值诉求和生长基础，由价值规律支配的市场运行的机制与主体参与市场竞争和交换的自主性，使由市场经济形成的社会关系成为一种"契约"性的社会关系。从利益获取的角度看，市场经济的竞争在激发了个人的实践热情和创造能力的同时，也刺激了个人的私利和私心以及集体意识的丧失。

社会主义市场经济与共享发展的社会价值观是兼容的，作为新时代的精神、价值坐标，共享发展理念为中国特色社会主义指明了未来前进的方向。在共享发展理念的引航下，"集体发展利益与个人发展权利的和谐统一"既是一个事实判断，更是一个价值判断，它更侧重于表达个人实践行为的选择应以"集体发展利益与个人发展权利的和谐统一"为价值取向。这就使社会成员充分考虑到个人的义务和社会责任的有机协调，而自觉超越狭隘的自私自利行为模式，把"我"和"我们"、大爱和公正、能力和正义有机结合，能够对他者表示出关切和同情，并努力帮助弱者改善生活处境，如此，才能真正营造出各尽其能、各得其所而又和谐相处的社会环境。另外，个人的社会责任感还需要一个稳定、可期待的信任和鼓励机制，这就要求国家逐步建立以"权利公平、机会公平、规则公平"为主要内容的社会公平保障体系和法律制度，积极营造出公正、公平的社会环境与氛围，确保人人平等参与、人人自由发展的基本权利，这样才能逐步实现发展为了人民、发展依靠人民、发展成果由人民共享，最终实现共同富裕的目标。

第三节 共享发展理念的民生表达

共享发展理念蕴含了深厚的民生伦理，契合了增进民生福祉的现实诉求，创新了改善民生的内在机制，是新时代中国发展伦理的最生动的民生表达。

一、共享发展理念蕴含了深厚的民生伦理

党的十八届五中全会深刻诠释了共享发展理念的内涵："坚持共享发展，必须坚持发展为了人民、发展依靠人民、发展成果由人民共享，做出更有效的制度安排，使全体人民在共建共享发展中有更多获得感，增强发展动力，增进人民团结，朝着共同富裕方向稳步前进。"①民生连民心，民心系国运。一个国家是否真正富强，就要看这个国家的人民生活得是否幸福。几十年来，在中国共产党的带领下，国家面貌发生了翻天覆地的变化，令全世界为之赞叹，中国人民实现了从站起来、富起来到强起来的伟大飞跃。但必须承认，因为之前国家经济基础差、底子薄，以及在发展过程中遇到的各种矛盾和问题，人民生活条件的改善还远远没有到位。特别是不断拉大的贫富差距导致的共同价值的缺失，人们更多感受到的是相对被剥夺感以及由不确定性和风险性所引发的生存焦虑，个体自我创造、自我肯定的自豪感和尊严感日渐丧失。

"民之所呼，政之所向。"在全面建成小康社会的冲刺阶段，给人民带来满满的获得感，让人民共享更多改革红利，是党和国家当前最重要的发展任务之一。有学者认为，类似于"尊严感""价值感"等发生机制，"获得感"作为个体的一种心理体验，它实际上来源于"我是社会共同体中的一员，是进行着独立创造、对社会发展有独特贡献的一员"的一种自我心理认知，"获得感"持续于对按实际贡献来获得经济社会改革发展成果的良序社会的认可②。共享发展是中华民族走向复兴的必然选

---

① 中国共产党第十八届中央委员会第五次全体会议文件汇编[G].北京:人民出版社,2015:13.
② 张彦,顾青青.共享发展:当代发展伦理的中国表达[J].思想理论研究,2016(7):33-39.

择和过程,努力推进共享发展的每一步都是实现民族复兴的重要环节。古尔德说:"每一个人都承认另一个人的自由并且都是为了提高另一个人的自由而行动的。"①只有在共建共享中以坚持维护个体的尊严和利益为前提,不断激发人民群众的劳动创造热情,社会主义现代化事业才能不断朝着人民所向往的美好生活前进。

二、共享发展理念契合了增进民生福祉的现实诉求

马克思早就指出:"人们奋斗所争取的一切,都同他们的利益有关。"②这个揭示人的活动重要特征的论断,在今天的社会主义中国同样适用③。发展先行,民生为本。民生问题既是社会问题,也是经济问题,更是政治问题。民生好比一杆秤,一头连着的是国家的繁荣富强,另一头连着的是百姓的衣食住行,它承载了亿万中国人民对美好生活的愿景。保障和改善民生不是一般的工作要求,而是重大的政治责任。只有真正把民生问题解决好,尽最大可能让广大人民享受改革发展的红利,一个惠及十几亿人口的全面小康社会才能够得以真正构建。

习近平总书记指出:"人民对美好生活的向往,就是我们的奋斗目标。"④党带领人民干革命、搞建设、抓改革,目的就是为了让人民过上幸福生活。我们的发展不应该只是少数人的发展,不应该只是部分人的发展,不应该只是城市人的发展,而应该惠及每一位中国人。共享发展理念的提出,标志着民生工作在党和国家工作全局中的地位提升到了一个全新的高度。发展理念再好,如果仅停留在口头上、文件上和会议上,而没有落实到现实实践中,那便是一纸空文。落实共享发展是一门大学问,要做好从顶层设计到"最后一公里"落地的工作,在实践中不断取得新成效。

让人民有更多获得感,要落实在切实解决人民群众关心的教育、就业、收入、社

---

① 古尔德. 马克思的社会本体论:马克思社会实在理论中的个性和共同体[M]. 王虎学,译. 北京:北京师范大学出版社,2009:143.
② 马克思,恩格斯. 马克思恩格斯全集(第1卷)[M]. 北京:人民出版社,1972:82.
③ 胡培兆. 政治经济学要进入社会[J]. 经济研究,2016,51(3):25-27.
④ 习近平. 习近平谈治国理政(第一卷)[M]. 北京:外文出版社,2014:4.

保、医疗卫生和食品安全等问题上。推动义务教育的均衡发展,让寒门学子能够安心读书,相信读书能够改变命运,阻止贫困代际传递;抓好稳定就业、促进创业,给每一位创业者提供实现梦想的舞台;实施脱贫攻坚工程,实现我国现行标准下农村贫困人口脱贫,贫困县全部摘帽,不让任何一个人在全面建成小康社会的路上掉队;坚持劳动报酬提高与劳动生产率提高同步、居民收入增长与经济增长同步,让百姓感觉到生活确实富裕了,幸福感增强了;深化医药卫生体制改革,破解百姓看病贵、看病难的问题;实施食品安全战略,让"食品安全"从口头承诺变成现实遵循……总之,只有切实地改善民生,让广大人民不断从经济与社会发展中获得实惠,才能使经济与社会发展成为广大人民的自觉行动。

三、共享发展理念创新了改善民生的内在机制

共享发展理念是未来一段时期引领我国经济社会发展的思路、方向和着力点,是我国在全面建成小康社会的冲刺阶段对"效率优先,兼顾公平"理念的进一步升华。共享发展的内涵主要包括全民共享、全面共享、共建共享和渐进共享四个方面,回答了我国经济社会发展究竟由谁共享、共享什么、如何共享以及共享进度等问题。这四方面的合力构建了我国未来发展的立体坐标,是新时代共享发展的战略布局,也是对改善民生的内在机制的一次创新性尝试。

全民共享、全面共享、共建共享和渐进共享四个方面是融会贯通的。全民共享是目标,全面共享是内容,共建共享是基础,渐进共享是进程。唯有深刻理解、把握共享发展改善民生的内在机制,才能更好地践行共享发展理念,才能在现实实践中在做大"蛋糕"的同时也能分好"蛋糕",才能使发展成果更多、更公平地惠及人民。

全民共享是从覆盖的人群而言的,正如习总书记所指出的:"共享发展是人人享有、各得其所,不是少数人共享、一部分人共享。"[①]"人人"即共享的主体,是指一个共同体内所有的人、每一个人,而不是指少数人或一部分人。全体人民共享改革发展成果,这是由党的宗旨和社会主义国家性质决定的。全民共享就是指发展要以人民为中心,使我国各阶层、各民族、各地区的人民都能享受到改革发展的成果,

---

① 习近平.习近平谈治国理政(第二卷)[M].北京:外文出版社,2017:215.

都有均衡的获得感,一个民族也不能少,一个人也不能掉队。全民共享绝不意味着回到过去没有差别的平均主义"大锅饭"时代。在朝着共同富裕的方向稳步前进的同时,对于付出更多劳动、更多努力,拥有更多知识、更多资本,创造更多价值、作出更多贡献的人应使其感到付出与回报成正比,并以此来激发其实践热情。

马克思提出:"社会也是由人生产的。活动和享受,无论就其内容或就其存在方式来说,都是社会的活动和社会的享受。"① 全面共享是由人的需要决定的。"全面"是一种定量的描述,指人们享受的不是局部的、片面的,而是社会发展的全方位的成就,既包括社会发展的内容,也包括社会发展的存在方式。社会发展的全面性和人的发展的全面性,决定了人民共享的全面性。人民群众所享受的,不是局部的、片面的,而是社会发展的全方位的成果。共享发展的核心是人的发展,实质是满足人的需要,推进人的自由全面发展,而人的需要是多层次多维度的,有物质需要与精神需要、生存需要与发展需要、生产需要与享受需要、现实需要与理想需要、尊重需要与自我实现需要、自然需要与社会需要等。全面共享是"一个方面都不能少"的共享,关系到人民生活的方方面面②。改革开放以来,我们过多地把发展的重心放在经济领域,认为只要满足了人民的物质需求,人民就可以过上幸福的生活。这种观念导致的结果就是经济发展了,人民的物质生活改善了,但是其他方面、其他领域却很滞后。而人民对政治、经济、文化、生态等各方面的需求也很多。当下,我们必须改变发展理念,实现全面共享,让人民对各方面的美好需要都能得到满足。

习近平总书记"在省部级主要领导干部学习贯彻党的十八届五中全会精神专题研讨班上的讲话"中指出:"共享是共建共享。这是就共享的实现途径而言的。共建才能共享,共建的过程也是共享的过程。"③ "共建"就是指共同建设,"共享"的对象就是建设成果,因为高质量经济发展需要全体人民共同努力建设,共建才能共享,共建的过程也是共享的过程。全面建成小康社会,过上美好的生活是每一个中

---

① 马克思.1844年经济学哲学手稿[M].北京:人民出版社,2000:183.
② 王红霞.新时代共享发展理念的方法论体系[J].广西社会科学,2018(10):27-31.
③ 习近平.习近平谈治国理政(第二卷)[M].北京:外文出版社,2017:215.

国人的梦想。如果自己不肯奋斗,等、靠、要的方式是行不通的,幸福是奋斗出来的,要想过上美好生活,每一个人都要去努力奋斗,要想过上共享的美好生活,就应该人人参与、人人尽力,如此,才能最终做到人人享有。

渐进共享反映了发展的连续性与阶段性的统一。渐进共享体现了我国发展所处的"大阶段"与"小阶段"。所谓"大阶段",是指社会主义初级阶段。所谓"小阶段",是指暂时的发展状态,指我们处于全面建成小康社会的决胜阶段[①]。共享不是一蹴而就的,而是一个逐渐发展的过程,我们用几十年让一部分先富起来了,现在我们还要用几十年时间来以先富带后富。实现共享走向共同富裕是一个逐步改善生活的长期过程,必须要用发展的眼光看问题。

第四节 共享发展理念的实现机制

共享发展理念是结合我国发展实践提出来的,"共享"体现在"做大蛋糕、分好蛋糕"的人民群众的获得感上,体现在社会公平正义上,体现在释放改革开放红利上,体现在补齐社会短板上,也体现在党对人民的真挚热爱的强烈情感上。

一、健全共享发展的保障机制

首先,为实现共享,我们要不断厚植发展的物质基础。马克思主义发展观认为,正义以社会物质生产条件为前提,正义的实质和形式、正义的产生与演变都是由物质生产和社会制度决定的[②]。作为正义的一个具体显现,共享发展是一个随着生产力的发展不断实现的具体历史过程,因为只有蛋糕做大了才有可能为个人提供更充分的发展条件,物质贫瘠匮乏的共享不是真正的共享。改革开放以来我们取得的成就举世瞩目,我国经济总量已跃居世界第二,从某种程度上说,已经为共享的实现奠定了坚实的物质基础。今后,我们还要保持经济运行的行稳致远,不

---

① 王红霞.新时代共享发展理念的方法论体系[J].广西社会科学,2018(10):27-31.
② 苗瑞丹,代俊远.共享发展的理论内涵与实践路径探究[J].思想教育研究,2017(3):94-98.

断加强和夯实实现共享的基础。

其次,要巩固和完善社会保障体制机制,不断推进民生的改善。只有构建共享发展的优良的制度安排,推动各项制度彼此协调与整体联动,才能形成强大的制度合力,才能为共享发展提供切实的制度保障,才能使人民共享改革发展的成果。党的十六届五中全会首次提出"公共服务均等化原则",之后,推进公共服务均等化就成为党和政府工作的重要议题,也成为全面建成小康社会的重要目标。自中共中央十八届四中全会做出了全面推进依法治国的决定以来,国家治理体系和治理能力的现代化不断加强,良法善政越来越成为实现社会公平正义及全体人民福祉的有效保障。党的十八届五中全会对公共服务供给提出了坚持普惠性、保基本、均等化、可持续的原则和要求。今后,我们还要不断完善公共决策机制、公共服务体制、公共财政体制及民众诉求机制等,以从根本上保障和改善民生。

二、完善共享发展的动力机制

习近平总书记指出:"人民是历史的创造者,群众是真正的英雄。人民群众是我们力量的源泉。"[1]只有坚持这一基本原理,我们才能把握历史前进的基本规律;只有按历史规律办事,我们才能无往而不胜。坚持共享发展,就必须紧紧依靠人民群众作为发展的根本动力。共享发展是结果共享与劳动过程共享的有机统一。美国经济学家吉利斯认为:"经济发展的关键因素,是人民必须是这一过程的主要参与者,这样才能带来结构的诸多变化。参与发展过程,意味着享受发展带来的利益,并且参与这些利益的生产过程。"[2]要尊重人民群众的主体地位,充分激发和调动人民群众的积极性。人民在中国特色社会主义建设实践中,既能够感受到劳动创造成果的"尊严感",也能享受到利益分享的"获得感"。特别是我国经济进入高质量发展阶段后,党就更需要调动人民群众参与到"大众创新,万众创业"中去的积极性,并从人民中汲取未来发展的智慧和力量。

此外,要实现共享发展,还需要强有力的价值观念支持。为促进共享理念的落

---

[1] 中共中央文献研究室.十八大以来重要文献选编(上)[M].北京:中央文献出版社,2014:70.
[2] 吉利斯,波金斯,罗默,等.发展经济学[M].黄卫平,等译.4版.北京:中国人民大学出版社,1998:7.

地生根,我们还要倡导和践行社会主义核心价值观。共享发展理念内涵宝贵的"和合"传统文化基因,展示了中华文明谦和、包容和自强不息的可贵品质与帮扶济世的民族精神。这些文化基因使得共享理念在社会发展过程中能够赢得最大范围的认同和支持。此外,社会主义核心价值观也是马克思主义与中国特色社会主义实践相结合的产物,与建设社会主义现代化强国要求相契合,与人类文明优秀成果相承接。可以说,倡导与践行社会主义核心价值观是实现共享发展不可或缺的价值引领和精神动力。

三、构筑共享发展的分享机制

我国自古以来就有"不患寡而患不均"的文化传统,我们不但要把"蛋糕"做大,还要把"蛋糕"分好,因为分好"蛋糕"也是一门科学,其中蕴含着人民对公平与正义的渴盼。只有把"蛋糕"公平合理地分配给每个社会成员,让个体有更多的获得感,收入水平和生活水平逐步提高,人民才会以更大的积极性去做大"蛋糕"。

"共享"的实现不能仅仅依靠思想教育和理论宣传,更需要在具体实践中付诸有效行动。建立健全共享发展的分享机制是实现共享发展的关键路径。民生问题的解决不能依靠"运动式""口号式"的治理,而是应该按照"以人民为中心"的要求,瞄准民生领域的重点问题,通过完善的分享机制来保住基本、补上短板、兜好底线。

首先,要完善就业机制。就业问题在全世界任何一个国家都是头等大事,因为它关系到人民的切身利益,关系到社会长治久安,关系到经济社会发展和民族振兴。我国是人口大国,就业问题就显得更加突出,政府要做就业者坚强的后盾,要积极完善就业保障政策,使就业者没有后顾之忧;要科学开发就业岗位,鼓励第三产业发展,为就业者创造更多就业机会;要给创业者提供一系列优惠政策,以创业促就业,形成良性循环的良好局面。多举措促就业,实现人民安居乐业,携手走向复兴。

其次,要完善收入分配制度。收入分配是民生之源,分配是连接生产和消费的关键环节。分配方式的公平合理与否,关系到社会每一位成员获得物质利益的数量,决定着社会产品能否顺利有效地进入消费过程,这将直接影响到整个经济社会的正常运行。我们要坚持初次分配和再分配均注重效率和公平,再次分配更加注重公平的原则,深化收入分配制度改革。

最后,构筑符合中国国情的利益协调机制。从政治角度看,利益协调机制不但体现了政府的政策导向、价值目标等,而且也是对其政治结构、政治过程的合理性的一个直接检验。市场经济条件下,要实现共享发展,利益协调机制是必须的。要尽快建立和完善利益协调机制,初次分配要注重效率与公平,二次分配要更加注重公平。加大再分配调节力度,在再分配中务必发挥税收、社会福利等手段的调节作用,做到提低、限高、扩中。建立城乡居民收入与经济增长、劳动报酬与劳动生产率同步增长的协调机制。保护合法收入,取缔非法收入。促进社会公平、正义的实现,保证社会的整体和谐。

第八章

新发展理念的人本逻辑与人学旨归

新发展理念的五个发展理念虽然各有侧重,但均以"人的全面自由发展"这一价值取向为核心,彼此之间相互勾连、相互贯通、相互促进,由此形成了一个立体的网络体系。而人本逻辑正是贯穿于新发展理念这一网络体系的立论之基、内在动力和终极目的。关注中国特色社会主义实践中的人民,满足人民的切身需要和现实利益,促进全体人民的全面自由发展是新发展理念的人学意蕴。五个发展理念在新时代中国特色社会主义制度条件下、在人的全面自由发展实践中都缺一不可。哪一个发展理念贯彻不到位,人的解放进程都会受到影响。唯有统一贯彻,出实招、破难题,才能在实现中华民族的伟大复兴这一历史任务的同时,真正实现人的全面自由发展。

第一节 新发展理念的立论之基:对社会主义实践中人民的深切关注

马克思认为:历史不过是追求着自己目的的人的活动而已[①]。"任何人类历史的第一个前提无疑是有生命的个人存在。因此第一个需要确定的具体事实就是这

---

① 马克思,恩格斯.马克思恩格斯选集(第2卷)[M].北京:人民出版社,1995:118-119.

些个人的肉体组织,以及受肉体组织制约的他们与自然界的关系。"①"现实的人"是马克思理论的逻辑起点和中心线索,现实的人的实际发展程度也是评判一个社会发展程度的客观基准。

新发展理念继承了马克思主义发展观的人本探索轨迹,并加速推进了发展理念从宏观走向微观、从"类"走向"现实的人"的成熟过程,"人"这一发展的价值主体在社会主义新时代这一历史条件下以"全体人民"的形式得以解蔽,进而指明了人本发展的具体实施路径。

新发展理念不是以揭示冷冰冰的历史必然性为目标,而是把关注的焦点投射到人的鲜活的生活层面,以特定历史条件下的、在一定社会关系中从事生产劳动等实践活动的、有着不同的需求和不同利益追求的"人民"为实践主体和价值主体,反映了对"现实的人"及其根本权益的深刻理解和充分尊重。新发展理念是一种全新的思维方式,在思考和解决现实矛盾时,既要坚持历史的尺度,更要坚持人的尺度,"既见物又见人";新发展理念也是一种价值取向,即强调尊重人、解放人、依靠人、为了人和塑造人,以人民对美好生活的向往为根本追求。

在新发展理念的实践生存论视域中,"国家""社会"等宏大叙述褪去了神圣的光环,在社会主义新时代的背景下,"现实的个人"正式出场。在这里,人民远比社会更为本原和基础,人民是组成社会的基本因素,既是发展的目的,也是发展的手段,是发展的目的与发展手段的有机统一。这就要求无论是社会发展方式的探索,还是国家治理理念的变革,抑或是各项具体制度的制定和完善,都不应忽视"现实的人与人的存在",即中国特色社会主义实践中的全体人民这一底线和基石。

---

① 马克思,恩格斯.马克思恩格斯全集(第3卷)[M].北京:人民出版社,1960:23.

第二节　新发展理念的内在动力：
社会主义新时代人民的需要和利益

马克思曾深刻地指出"每一既定社会的经济关系首先表现为利益"①，人的需要和对利益的追求是人的自然生存本性，因为正视了人的需要这一自然本性，并以此为起点进行生产劳动，人才彻底地与动物分道扬镳，马克思理论体系中的人才由原来的抽象化存在变得具体和丰富。人的需要不会自动地被满足，人的利益更不会自动地被实现，因为需要是"基于人与环境的不平衡而产生的趋于平衡的一种自觉倾向"②，作为实践主体的人必须持续不断地进行社会经济文化活动，才有可能最大限度地满足人类自身生存发展需要。可以说，人的需要和利益是人类通过生产实践活动改变自身生存条件的深层本质和本原动机，是人类世代永续发展的不竭动力。

满足人民的合理需要并实现人民的根本利益是新发展理念得以认同的现实基础和贯彻落实的内在动力。"天地之大，黎元为本"，无论在哪个时代，民生问题的妥善解决，都是衡量社会文明进步与否的价值尺度和主要标志。新发展理念引领的发展观，在重视经济快速发展的同时，更偏重于向"人"的现实生活的回归和安抚。"以人民为中心"的本质即是以人民的根本需求为中心，如果说把全面建成小康社会、实现民族复兴的伟大中国梦比作一幅令人心潮澎湃的壮美画卷，那么"民生"则是这幅画卷最为厚重的底色。新发展理念引领的发展观，是崇尚人民权益的发展观，是把需要视为人的本性来加以尊重和满足的发展观，是从根本上改变了"唯GDP"观念主导的、让人民群众有更多获得感的发展观。

人的需要具有丰富的层次性和系统性，对应马克思关于人的历史发展的三大形态说，马克思把人类发展及其需要依次划分为三个层级：生存需要、享受需要和

---

① 马克思,恩格斯.马克思恩格斯选集(第3卷)[M].北京:人民出版社,1995:209.
② 马俊峰.马克思主义价值理论研究[M].北京:北京师范大学出版社,2012:43-44.

发展需要,三个层级彼此间相互渗透和相互作用,从低级向高级依次递进。无独有偶,马斯洛的需求层次结构也被视为心理学中的激励理论,包括人类需求的五级模型,通常被描绘成金字塔内的等级。分别是:生理需求、安全需求、归属与爱的需求、尊重需求和自我实现需求五类。这两个著名的理论都在从不同的角度提醒我们:在人类社会的生产力发展达到一定水平时,政府就不仅要尊重和满足人民衣、食、住、行等方面的基本需求,还应该在满足人民的更高层次需求上有所作为,这实际上不仅体现了一个社会的治理水平,更反映出一个社会的文明程度。作为当代社会发展模式的集中反映,新发展理念在把现有贫困人口脱贫视为全面建成小康社会的底线任务、发展红线和标志性指标的同时,还遵循着"宜生"的思路,注重各方面、多领域的协调、引领高质量发展,从而为民生需要的满足敞开了更为清晰的视野和更为宽阔的路径。

第三节　新发展理念的终极目的:
全体人民的全面自由发展

人的全面自由发展是指:"人以一种全面的方式,也就是说,作为一个完整的人,占有自己的全面的本质。"①人的全面自由发展思想在马克思主义理论体系中占有核心和统摄地位,是其理论体系追求的根本价值目标和最高价值理想,正是这一最高价值理想的预先悬设,使其整个理论体系都充满了厚重的人文底蕴和超越性的价值指向。在马克思的视野中,人是社会发展的本质,人的发展与社会发展具有深刻的一致性,两者在以人的生产实践活动为基础而展开的历史生成过程中完成双向互动的内在统一。可以说,无论是发展、发展观,抑或是发展模式和发展范式,发展的根本问题实际上都是人的存在方式问题②。

凡是发展理念,必然有其价值承担。如果说"以经济建设为中心"解决的是发

---

① 马克思,恩格斯.马克思恩格斯全集(第42卷)[M].北京:人民出版社,1979:123.
② 白宇.发展观与人的全面发展[D].长春:吉林大学,2011:中文摘要.

展动力及物质基础的问题,那么,"以人民为中心"则解决的是发展的目的及价值指引问题,即发展为了谁、发展依靠谁及发展成果由谁享用的问题。新发展理念作为马克思主义发展观的最新理论成果,既承载着人的全面自由发展这一终极价值理想,同时也为实现这一终极理想指明了现时代的阶段性目标及其实现途径,显示了"人"对自身未来发展命运的深切关注和自觉自主安排。

新发展理念不是个封闭静止的理论或概念体系,而是一个开放的、充满了思辨气息的、处处洋溢着革命评判式乐观主义的理论体系。在这一理论体系视域中,"人的全面自由发展"不是对人的发展的某种终极状态的描述,而是依据人的自我生成、自我创造和自我发展的本质维度在不断对人与自然、人与他者、人与人自身之间的紧张和异化进行消解的同时,对人的"类本质"自觉体认、主动建构和积极开显的一个过程。可以说,促进全体人民的全面自由发展,是新发展理念的价值基底和终极目的。

第四节 新发展理念的逻辑机理: 人的全面自由发展的有机架构和五方位展开

习近平总书记指出:"五大发展理念是不可分割的整体,相互联系、相互贯通、相互促进,要一体坚持、一体贯彻,不能顾此失彼,也不能相互替代。"[①]新发展理念的创新、协调、绿色、开放、共享五个维度并非彼此孤立,而是一个彼此联系、相互贯通、共同作用、协同发展的一个有机整体。只有在社会主义现实实践中不断提高统筹贯彻五大发展理念的能力和水平,才能使其成为指导和引领当今中国发展的"活"的理念和行动指南。

从人的全面自由发展视角看,创新、协调、绿色、开放、共享五大发展理念不仅从五个维度彰显了理念本身的内涵,也阐明了当代中国特色社会主义建设者和接班人理应具备的五种精神气质,是人的全面自由发展进入新的发展阶段后,为构建

---

① 中共中央文献研究室.习近平关于社会主义经济建设论述摘编[M].北京:中央文献出版社,2017:32.

人的发展的新格局,应该遵循的全新发展理念,体现了全面自由发展理想在社会主义新时代这一历史发展阶段的合规律性与合目的性的逻辑展开。

创新之所以居新发展理念之首,是因为人类历史进步的动力、时代社会发展的关键在于创新。在日趋激烈的国际竞争新格局中,唯创新者进、唯创新者强、唯创新者胜已然成为牢不可破的绝对真理。然而,长期以来,对于我国这个经济大个头来说,创新能力一直是我们的"阿喀琉斯之踵"。习近平指出:"着力实施创新驱动发展战略。把创新摆在第一位,是因为创新是引领发展的第一动力。"[1]人和外部世界的关系并非单向度的、简单的适应性关系,而是双向度的相互作用、彼此改变的关系。人通过自身的实践活动改造着外部环境,改变了的外部环境也反转来作用于人自身的自然,使人的能力、身体结构和心理结构获得进化与完善[2]。这其中的张力,即为人的原始创新能力的彰显。社会主义新时代,人的科技创新实践活动的深入程度与人的类主体发展程度是同构、同轨和同步的,科技创新的本质是人的主体力量的发挥和外显。可以说,以科技创新为代表的人民的实践活动决定着人的全面自由发展目标的阶段性建构与实现,人民的创新活动是实现人的全面自由发展的动力维度。值得关注的是,随着"大众创业,万众创新"热潮的到来,中国正悄然实现着由少数精英创新向大众群体创新的转变,这也意味着社会全体成员的全面自由发展正式进入实践阶段。

"协调"绝非事物的既有矛盾被彻底消除,而主要指事物相互矛盾的两个方面经历了多次斗争后最终达到的在动态中互补、互利和互促的相对平衡的理想状态。人类理想生活形态的新品质、新境界即协调发展,这是对传统发展理念所带来的局部、片面和单一发展格局的本质超越。协调发展理念的提出源于我们对以往取得的辉煌成就的理性认识和对当前诸多矛盾叠加严峻挑战的理性评判。在此,中国不再用以往单一数字标准的狭窄视角来衡量发展,而是以系统性、多维性的运思来重新评估发展的价值与意义。因而,协调是发展的手段、目的,也是评判发展的标

---

[1] 习近平.在省部级主要领导干部学习贯彻党的十八届五中全会精神专题研讨班上的讲话[M].北京:人民出版社,2016:8.
[2] 林剑.人的自由的哲学思索[M].北京:中国人民大学出版社,1996:75.

准和尺度。美国学者托达罗在其著作《经济发展与第三世界》中就论述过人在社会发展中的价值存在,他认为发展不纯粹是一个经济现象,发展不仅仅包括人民生活的物质和经济方面,还包括其他更广的方面,囊括制度、社会和管理结构的基本变化以及人们的态度,在许多情况下甚至还有人们习惯和信仰的基本变化。"协调"发展理念在推进经济社会协调发展过程中,在满足人的全方位、多层次需求的同时,更应着力于从丰富、平衡人的社会关系的辩证角度,为人的全面自由发展创造条件。

绿色作为生命的颜色,是一种健康的生态色,它蕴含着无限的生机、活力,是当代中国发展最鲜亮的底色。绿色发展是人与自然日趋和谐、绿色资产不断增值、人的绿色福利不断提升的过程①。倡导人与自然和谐共处的绿色发展理念的提出,既是人类文明历程中的最新里程碑,也是对人与自然关系的全新体认,实现了发展向人的理性回归。生态问题的本质是人类的谋生范式问题。人总是在特定的社会关系中同大自然进行物质交换的,生态问题的提出本身即彰显了人类社会文明的进步。从绿色发展的视角来看,生态问题实际上是人在追求全面自由发展的过程中必然遇到的阶段性问题。将绿色自然的作用力放置于人自身的发展进程中,有利于优化绿色发展空间,培育良好的人文环境,促进人的全面自由发展②。社会主义新时代,我国的发展环境已然发生了深刻的变化,基于人与自然共生关系的考量,经济和生态的良性循环的绿色发展理念作为一定历史阶段的重要特征,已经辐射到我国经济社会的各个领域。绿色发展强调生态承受力才是人民美好生活的原则和底线,人民的社会主义实践活动应该尊重自然和保护自然。当然,这也说明绿色发展不是依靠单个人就能实现的,必须借助人民群众的全面参与才能落到实处。

新发展理念的重要内涵之一就是开放发展,践行开放发展理念是国家繁荣发展的必由之路。开放带来进步,封闭必然落后。从人的发展角度看,开放发展的本质是人的社会关系的充分发展,马克思指出:"社会关系实际上决定着一个人能够

---

① 黄志斌,姚灿,王新.绿色发展理论基本概念及其相互关系辨析[J].自然辩证法研究,2015,(8):108-113.
② 孙兰欣.生态马克思主义理论思维下绿色发展理念的省思[J].广西社会科学,2018(8):143-147.

发展到什么程度。"①人首先是自然性的存在,但从深层次上看,更是社会性的存在。人与人之间的交往构成人的社会性存在的基石和前提,这同样也是关于人的本质的现实性要求。人的发展与社会群体的发展是同构的,个体的发展无法脱离社会群体的发展框架。如果说人的发展在现实中具体体现为人的社会关系的丰富和发展,那么社会关系的"质"和"量"则直接决定了个人在社会现实中的发展程度。新发展理念强调人的发展的开放性,就是要拓展人的社会关系网络,以更加开放的胸襟、更为广阔的视野拓展人的交往领域。此外,开放发展还进一步加强了世界各国人民的交往与合作,促进了人类命运共同体的形成。

马克思曾旗帜鲜明地指出:"过去的一切运动都是少数人的或者为少数人谋利益的运动。无产阶级的运动是绝大多数人的、为绝大多数人谋利益的独立的运动。"②以上四个发展理念的出发点和落脚点是以公平正义问题为关注的焦点的共享发展理念。如果说其他四种发展理念重点关注的是"怎样发展"的发展路径问题,那么"共享发展"理念则理清了马克思主义发展观中"为谁发展"这一最根本性的价值指向问题。共享发展理念彰显了以人民为中心的发展思想,充分体现了中国特色社会主义的本质要求,展示了中国特色社会主义制度不同于西方制度的独特比较优势。共享发展理念的提出是党从人的全面自由发展这一终极价值理性出发,对我国现阶段经济社会发展现状进行规制的必然结果。发展成果的全民共享是共享发展理念的首要追求,今天,我国贫困人口的脱贫被党中央视为全面建成小康社会的底线任务及标志性指标已经圆满完成,但是,人民对美好生活的向往仍需努力。"共享"不只是发展成果分配能力的增强、分配范围的扩大,更关键的是面向人本身来确立发展的根本性转向,使人民体会到更多的获得感,这才是国家未来发展的力量所在。"全面共享"是共享发展理念的第二层内涵,从国家经济建设所带来的物质财富的共享到政治、社会、文化、生态成果等更为广阔领域的共享,可以说,共享的范围正在无限扩展。"共建共享"是共享发展理念的第三层面,激发个体的主体性、创造性,投身于中国特色社会主义建设的实践中,号召全体人民共同参

---

① 马克思,恩格斯.马克思恩格斯全集(第3卷)[M].北京:人民出版社,1960:295.
② 马克思,恩格斯.马克思恩格斯选集(第1卷)[M].北京:人民出版社,1995:283.

与发展过程,是共享理念的具体实践途径。"共享发展"理念内涵的第四层面为渐进共享,共享发展的实现程度和人自身的发展程度是高度一致的,一定会经历一个从不均衡到均衡的历史阶段,因此,我们只能根据现时代"人"的实际发展水平和程度来设计共享政策,来推进共享发展的历史进程。

总之,新发展理念的创新、协调、绿色、开放、共享这五个维度,突破了原有的僵化的思维定式,意在激发人的主体意识。新发展理念科学地回答了"发展为了谁,发展依靠谁,发展成果由谁共享"等与人的全面自由发展紧密相连的一系列问题,这一理念必将有力地推动人的自由而全面发展理想的实现。

主要参考文献

[1] 马克思,恩格斯. 马克思恩格斯全集(第1卷)[M]. 北京:人民出版社,1956.
[2] 马克思,恩格斯. 马克思恩格斯全集(第3卷)[M]. 北京:人民出版社,1960.
[3] 马克思,恩格斯. 马克思恩格斯全集(第19卷)[M]. 北京:人民出版社,1963.
[4] 马克思,恩格斯. 马克思恩格斯选集(第3卷)[M]. 北京:人民出版社,1995.
[5] 马克思,恩格斯. 马克思恩格斯选集(第1卷)[M]. 北京:人民出版社,1995.
[6] 马克思,恩格斯. 马克思恩格斯选集(第3卷)[M]. 北京:人民出版社,1972.
[7] 马克思,恩格斯. 马克思恩格斯全集(第1卷)[M]. 北京:人民出版社,1972.
[8] 马克思,恩格斯. 马克思恩格斯全集(第26卷)[M]. 北京:人民出版社,1974.
[9] 马克思,恩格斯. 马克思恩格斯全集(第25卷)(上)[M]. 北京:人民出版社,1974.
[10] 马克思,恩格斯. 马克思恩格斯全集(第1卷)[M]. 北京:人民出版社,1979.
[11] 马克思,恩格斯. 马克思恩格斯全集(第46卷)(上)[M]. 北京:人民出版社,1979.
[12] 马克思,恩格斯. 马克思恩格斯全集(第46卷)(下)[M]. 北京:人民出版社,1979.
[13] 马克思,恩格斯. 马克思恩格斯全集(第42卷)[M]. 北京:人民出版社,1979.
[14] 马克思,恩格斯. 马克思恩格斯选集(第2卷)[M]. 北京:人民出版社,1995.
[15] 马克思,恩格斯. 马克思恩格斯选集(第4卷)[M]. 北京:人民出版社,1995.
[16] 马克思,恩格斯. 马克思恩格斯全集(第3卷)[M]. 北京:人民出版社,2002.
[17] 马克思,恩格斯. 马克思恩格斯全集(第21卷)[M]. 北京:人民出版社,2006.
[18] 马克思,恩格斯. 马克思恩格斯文集(第1卷)[M]. 北京:人民出版社,2009.
[19] 马克思,恩格斯. 马克思恩格斯文集(第3卷)[M]. 北京:人民出版社,2009.
[20] 马克思,恩格斯. 马克思恩格斯选集(第1卷)[M]. 北京:人民出版社,2012.
[21] 马克思. 1844年经济学哲学手稿[M]. 北京:人民出版社,2000.

[22] 恩格斯.自然辩证法[M].北京:人民出版社,2015.

[23] 马克思.德意志意识形态(节选本)[M].北京:人民出版社,2003.

[24] 马克思.资本论[M].北京:人民出版社,2004.

[25] 列宁全集(第1卷)[M].北京:人民出版社,1984.

[26] 黑格尔.哲学史讲演录(第2卷)[M].贺麟,王太庆,译.北京:商务印书馆,1983.

[27] 罗尔斯.正义论[M].何怀宏,等译.北京:中国社会科学出版社,1988.

[28] 古尔德.马克思的社会本体论:马克思社会实在理论中的个性和共同体[M].王虎学,译.北京:北京师范大学出版社,2009.

[29] 杜娜叶夫斯卡娅.马克思主义与自由[M].傅小平,译.沈阳:辽宁教育出版社,1998.

[30] 摩尔根.古代社会[M].刘峰,译.北京:京华出版社,2000.

[31] 熊彼特.经济发展理论[M].北京:商务印书馆,2000.

[32] 卢梭.社会契约论[M].李平沤,译.北京:商务印书馆,1980.

[33] 卢梭.爱弥儿(上下卷)[M].北京:商务印书馆,1978.

[34] 弗罗洛夫.人的前景[M].北京:中国社会科学出版社,1989.

[35] 吉利斯,波金斯,罗默,等.发展经济学[M].黄卫平,等译.4版.北京:中国人民大学出版社,1998.

[36] 毛泽东.毛泽东选集(第1卷)[M].北京:人民出版社,1966.

[37] 毛泽东著作选读(下册)[M].北京:人民出版社,1986.

[38] 毛泽东.毛泽东选集(第3卷)[M].北京:人民出版社,1991.

[39] 毛泽东.毛泽东选集(第5卷)[M].北京:人民出版社,1997.

[40] 毛泽东.毛泽东文集(第6卷)[M].北京:人民出版社,1999.

[41] 中共中央文献研究室.毛泽东文集(第七卷)[M].北京:人民出版社,1999.

[42] 中共中央文献研究室.毛泽东著作专题摘编(上)[M].北京:中央文献出版社,2003.

[43] 邓小平.邓小平文选(第3卷)[M].北京:人民出版社,1993.

[44] 邓小平.邓小平文选(第2卷)[M].北京:人民出版社,1994.

[45] 邓小平.邓小平关于建设有中国特色社会主义的论述专题摘编[M].北京:中央文献出版社,1992.

[46] 江泽民.江泽民文选(第1卷)[M].北京:人民出版社,2006.

[47] 江泽民.江泽民文选(第2卷)[M].北京:人民出版社,2006.

[48] 江泽民.江泽民文选(第3卷)[M].北京:人民出版社,2006.

[49] 江泽民.在庆祝中国共产党成立八十周年大会上的讲话(2001年7月1日)[M].北京:人民出版社,2001.

[50] 江泽民.全面建设小康社会　开创中国特色社会主义事业新局面[M].北京:人民出版社,2002.

[51] 江泽民.论"三个代表"[M].北京:中央文献出版社,2001.

[52] 胡锦涛.坚持走中国特色自主创新道路　为建设创新型国家而努力奋斗——在全国科学技术大会上的讲话[M].北京:人民出版社,2006.

[53] 本书编写组.胡锦涛总书记在庆祝中国共产党成立90周年大会上的讲话学习读本[M].北京:人民出版社,2011.

[54] 中共中央文献编辑委员会.胡锦涛文选(第3卷)[M].北京:人民出版社,2016.

[55] 习近平.习近平谈治国理政(第一卷)[M].北京:外文出版社,2018(再版).

[56] 习近平.习近平谈治国理政(第二卷)[M].北京:外文出版社,2017.

[57] 习近平.习近平谈治国理政(第三卷)[M].北京:外文出版社,2020.

[58] 习近平关于"不忘初心、牢记使命"论述摘编[M].北京:中央文献出版社,2019.

[59] 中共中央宣传部.习近平新时代中国特色社会主义思想三十讲[M].北京:学习出版社,2018.

[60] 中共中央文献研究室.习近平关于社会主义经济建设论述摘编[M].北京:中央文献出版社,2017.

[61] 中共中央文献研究室.习近平关于科技创新论述摘编[M].北京:中央文献出版社,2016.

[62] 习近平.在中国科学院第十九次院士大会、中国工程院第十四次院士大会上的讲话[M].北京:人民出版社,2018.

[63] 中共中央宣传部.习近平总书记系列重要讲话读本(2016年版)[M].北京:学习出版社,2016.

[64] 中共中央文献研究室.习近平关于社会主义生态文明建设论述摘编[M].北京:中央文献出版社,2017.

[65] 习近平.在科学家座谈会上的讲话(2020年9月11日)[M].北京:人民出版社,2020.

[66] 习近平.共建创新包容的开放型世界经济:在首届中国国际进口博览会开幕式上的主旨演讲(2018年11月5日)[M].北京:人民出版社,2018.

[67] 人民日报评论部.习近平讲故事[M].北京:人民出版社,2017.

[68] 习近平.在省部级主要领导干部学习贯彻党的十八届五中全会精神专题研讨班上的讲话[M].北京:人民出版社,2016.

[69] 中共中央文献研究室.习近平关于全面建成小康社会论述摘编[M].北京:中央文献出版社,2016.

[70] 中共中央文献研究室.建党以来重要文献选编(1921—1949)(第二册)[M].北京:中央文献出版社,2011.

[71] 中共中央文献研究室.十八大以来重要文献选编(上)[M].北京:中央文献出版社,2014.

[72] 国务院研究室.十届全国人大四次会议《政府工作报告》辅导读本[M].北京:人民出版社,2006.

[73] 崔耀中.全面从严治党新要求、新特点、新部署[M].北京:人民出版社,2016.

[74] 本书编写组.保持共产党员先进性教育实务手册[M].北京:人民出版社,2005.

[75] 本书编写组.党的群众路线教育党员干部读本[M].北京:人民出版社,2013.

[76] 中国共产党第十八届中央委员会第五次全体会议文件汇编[G].北京:人民出版社,2015.

[77] 马俊峰.马克思主义价值理论研究[M].北京:北京师范大学出版社,2012.

[78] 韩庆祥,亢安毅.马克思开辟的道路——人的全面发展研究[M].北京:人民出版社,2005.

[79] 张分田.民本思想与中国古代统治思想(上)[M].天津:南开大学出版社,2009.

[80] 侯外庐.中国古代社会史论[M].北京:人民出版社,1955.

[81] 管子[M].房玄龄,注.刘绩,补注.上海:上海古籍出版社,2015.

[82] 陈中立,杨楹,林振义,等.思维方式与社会发展[M].北京:社会科学文献出版社,2001.

[83] 北京大学哲学系外国哲学史教研室.古希腊罗马哲学[M].北京:生活·读书·新知三联书店,1957.

[84] 苗力田.古希腊哲学[M].北京:中国人民大学出版社,1989.

[85] 刘东国.绿党政治[M].上海:上海社会科学院出版社,2002.

[86] 李约瑟.李约瑟文集[M].沈阳:辽宁科学技术出版社,1986.

[87] 阿马蒂亚·森.以自由看待发展[M].任赜,于真,译.北京:中国人民大学出版社,2002.

[88] 秦书生.生态技术论[M].沈阳:东北大学出版社,2009.

[89] 谢金林.公共政策的伦理基础[M].长沙:湖南大学出版社,2008.

[90] 丰子义.发展的反思与探索——马克思社会发展理论的当代阐释[M].北京:中国人民大学出版社,2006.

[91] 孙希旦.礼记集解(中)[M].北京:中华书局,1989.

[92] 罗尔纲.太平天国的理想国——天朝田亩制度[M].北京:商务印书馆,1950.

[93] 康有为.大同书[M].上海:上海古籍出版社,2005.

[94] 胡鞍钢,鄢一龙,等. 中国新理念:五大发展[M]. 杭州:浙江人民出版社,2016.

[95] 林剑. 人的自由的哲学思索[M]. 北京:中国人民大学出版社,1996:75.

[96] 蒋伏心. 协调发展[M]. 南京:江苏人民出版社,2016.

[97] 丰子义. 经济发展新常态的人学审视[J]. 山东社会科学,2016(1):5-9.

[98] 郭长刚. "新轴心时代"与全球治理体系变革[J]. 探索与争鸣,2020(3):9-11.

[99] 潘树国. 论普罗泰戈拉"人是万物的尺度"[J]. 郑州轻工业学院学报(社会科学版),2014,15(2):53-56.

[100] 习近平. 推动我国生态文明建设迈上新台阶[J]. 奋斗,2019(3):1-16.

[101] 蒋丽. 从"第一生产力"到"第一动力":论社会主义生产力基础与创新发展战略的逻辑起点契合[J]. 广西社会科学,2018(9):28-33.

[102] 王茂诗. 习近平科技创新思想的伦理意蕴[J]. 中国高校科技,2018(4):4-6.

[103] 陈晓东. 改革开放40年技术引进对产业升级创新的历史变迁[J]. 南京社会科学,2019(1):17-25.

[104] 韩文龙. "技术进步—制度创新—企业家精神"的创新组合及其增长效应[J]. 社会科学辑刊,2019(3):202-212.

[105] 王资博. 新时代创新文化的四个维度[J]. 中学政治教学参考,2018(24):1.

[106] 侯惠勤. 始终坚持实事求是 时刻保持战略定力[J]. 红旗文稿,2019(23):8-11.

[107] 侯一夫. 中国社会主要矛盾及其转化的实证解读[J]. 北方论丛,2021(1):72-77.

[108] 钱穆. 中国文化对人类未来可有的贡献[J]. 中国文化,1991(1):93-96.

[109] 廖五州. 发展绿色经济,打造"美丽中国"[J]. 人民论坛,2017(12):68-69.

[110] 秦书生. 绿色文化与绿色技术创新[J]. 科技与管理,2006(6):136-138.

[111] 秦书生,胡楠. 中国绿色发展理念的理论意蕴与实践路径[J]. 东北大学学报(社会科学版),2017,19(6):631-636.

[112] 张钢,张小军. 国外绿色创新研究脉络梳理与展望[J]. 外国经济与管理,2011,33(8):25-32.

[113] 彭文斌,文泽宙. 绿色创新与中国经济高质量发展[J]. 江汉论坛,2019(9):36-43.

[114] 朱东波. 习近平绿色发展理念:思想基础、内涵体系与时代价值[J]. 经济学家,2020(3):5-15.

[115] 汪慧英. 论绿色发展的哲学意蕴与实践路径[J]. 商业经济,2020(9):135-137.

[116] 邬晓燕. 绿色发展及其实践路径[J]. 北京交通大学学报(社会科学版),2014,13(3):97-101.

[117] 薛勇民,曹满玉.论绿色发展理念蕴含的生态实践智慧[J].马克思主义研究,2018(3):116-123.

[118] 方世南.领悟绿色发展理念亟待拓展五大视野[J].学习论坛,2016,32(4):38-42.

[119] 敬贵竹,武晓铮.毛泽东对外开放思想及其当代价值[J].中国农村教育,2020(6):47-49.

[120] 张超颖."逆全球化"的背后:新自由主义的危机及其批判[J].当代经济研究,2019(3):66-72.

[121] 吴志成,王慧婷.全球治理体系面临的挑战与中国的应对[J].天津社会科学,2020(3):65-70.

[122] 张三元.开放发展与人类命运共同体构建[J].广东社会科学,2017(4):59-65.

[123] 徐秀军.新国际形势下构建更高水平开放格局的挑战、机遇与对策[J].国际税收,2020(10):23-30.

[124] 龚晓莺,蔡豪.新时代经济全面开放新格局的构建逻辑[J].江淮论坛,2019(3):26-32.

[125] 田江太.人类命运共同体:一种新型全球性文明的开创[J].中国矿业大学学报(社会科学版),2021,23(2):27-35.

[126] 吴默闻,丁俊萍."大同""小康"在近现代中国的创造性转化[J].海南大学学报(人文社会科学版),2017,35(4):37-44.

[127] 孙力,蒋瑛.科学社会主义对发展理念的贡献[J].思想理论教育,2016(9):31-36.

[128] 胡培兆.政治经济学要进入社会[J].经济研究,2016,51(3):25-27.

[129] 王红霞.新时代共享发展理念的方法论体系[J].广西社会科学,2018(10):27-31.

[130] 苗瑞丹,代俊远.共享发展的理论内涵与实践路径探究[J].思想教育研究,2017(3):94-98.

[131] 张彦,顾青青.共享发展:当代发展伦理的中国表达[J].思想理论教育,2016(7):33-39.

[132] 魏奇.试析改革开放精神的内涵与逻辑[J].西安文理学院学报(社会科学版),2019,22(4):60-63.

[133] 刘凌.以开放发展引领经济全球化步入新时代[J].贵州社会科学,2018(10):25-29.

[134] 黄志斌,姚灿,王新.绿色发展理论基本概念及其相互关系辨析[J].自然辩证法研究,2015,31(8):108-113.

[135] 孙兰欣.生态马克思主义理论思维下绿色发展理念的省思[J].广西社会科学,2018(8):143-147.

[136] 任铃.新时代中国特色社会主义新发展理念的整体性探寻[J].学术论坛,2018,41(1):156-162.

[137] 白宇. 发展观与人的全面发展[D]. 长春:吉林大学,2011.

[138] 习近平. 决胜全面建成小康社会 夺取新时代中国特色社会主义伟大胜利——在中国共产党第十九次全国代表大会上的报告[N]. 人民日报,2017-10-28(1).

[139] 习近平. 推动形成绿色发展方式和生活方式 为人民群众创造良好生产生活环境[N]. 人民日报,2017-05-28(1).

[140] 习近平张德江俞正声王岐山分别参加全国两会一些团组审议讨论[N]. 人民日报,2015-03-07(1).

[141] 加快国际旅游岛建设 谱写美丽中国海南篇[N]. 人民日报,2013-04-11.

[142] 霍小光,罗宇凡. 坚持全国动员全民动手植树造林 把建设美丽中国化为人民自觉行动[N]. 人民日报,2015-04-04(1).

[143] 抓住机遇立足优势积极作为,系统谋划"十三五"经济社会发展[N]. 经济日报,2015-05-29(1).

[144] 习近平北京考察工作:在建设首善之区上不断取得新成绩[N]. 人民日报,2014-02-27(1).

[145] 中共中央关于制定国民经济和社会发展第十三个五年规划的建议(二○一五年十月二十九日中国共产党第十八届中央委员会第五次全体会议通过)[N]. 人民日报,2015-11-04(1).

[146] 习近平. 携手推进亚洲绿色发展和可持续发展:在博鳌亚洲论坛2010年年会开幕式上的演讲(2010年4月10日)[N]. 人民日报,2010-04-11(1).

[147] 韩庆祥. 论伟大改革开放精神[N]. 学习时报,2019-01-07(1).

[148] 习近平接受拉美三国媒体联合书面采访[N]. 人民日报,2013-06-01(1).

[149] 国务院办公厅. 关于强化企业技术创新主体地位全面提升企业创新能力的意见[Z]. 国办发〔2013〕8号,2013-01-28.